Basics Europarecht

Hemmer/Wüst/W

KURSORTE IM ÜBERBLICK

AUGSBURG
Wüst
Mergentheimer Str. 44
97082 Würzburg
Tel.: (0931) 79 78 230
Fax: (0931) 79 78 234
Mail: augsburg@hemmer.de

BAYREUTH
Daxhammer/d´Alquen
Parkweg 7
97944 Boxberg
Tel.: (07930) 99 23 38
Fax: (07930) 99 22 51
Mail: bayreuth@hemmer.de

BERLIN-DAHLEM
Gast
Schumannstraße 18
10117 Berlin
Tel.: (030) 240 45 738
Fax: (030) 240 47 671
Mail: mitte@hemmer-berlin.de

BERLIN-MITTE
Gast
Schumannstraße 18
10117 Berlin
Tel.: (030) 240 45 738
Fax: (030) 240 47 671
Mail: mitte@hemmer-berlin.de

BIELEFELD
Lück
Salzstr. 14/15
48143 Münster
Tel.: (0251) 67 49 89 70
Fax.: (0251) 67 49 89 71
Mail: bielefeld@hemmer.de

BOCHUM
Schlömer/Sperl
Salzstr. 14/15
48143 Münster
Tel.: (0251) 67 49 89 70
Fax.: (0251) 67 49 89 71
Mail: bochum@hemmer.de

BONN
Ronneberg/Clobes/Geron
Simrockstr. 5
53113 Bonn
Tel.: (0228) 91 14 125
Fax: (0228) 91 14 141
Mail: bonn@hemmer.de

BREMEN
Kulke/Hermann
Mergentheimer Str. 44
97082 Würzburg
Tel.: (0931) 79 78 257
Fax: (0931) 79 78 240
Mail: bremen@hemmer.de

DRESDEN
Stock
Zweinaundorfer Str. 2
04318 Leipzig
Tel.: (0341) 6 88 44 90
Fax: (0341) 6 88 44 96
Mail: dresden@hemmer.de

DÜSSELDORF
Ronneberg/Clobes/Geron
Simrockstr. 5
53113 Bonn
Tel.: (0228) 91 14 125
Fax: (0228) 91 14 141
Mail: duesseldorf@hemmer.de

ERLANGEN
Grieger/Tyroller
Mergentheimer Str. 44
97082 Würzburg
Tel.: (0931) 79 78 230
Fax: (0931) 79 78 234
Mail: erlangen@hemmer.de

FRANKFURT/M.
Geron
Dreifaltigkeitsweg 49
53489 Sinzig
Tel.: (02642) 61 44
Fax: (02642) 61 44
Mail: frankfurt.main@hemmer.de

FRANKFURT/O.
Gast
Schumannstraße 18
10117 Berlin
Tel.: (030) 240 45 738
Fax: (030) 240 47 671
Mail: mitte@hemmer-berlin.de

FREIBURG
Behler/Rausch
Rohrbacher Str. 3
69115 Heidelberg
Tel.: (06221) 65 33 66
Fax: (06221) 65 33 30
Mail: freiburg@hemmer.de

GIEßEN
Sperl
Parkweg 7
97944 Boxberg
Tel.: (07930) 99 23 38
Fax: (07930) 99 22 51
Mail: giessen@hemmer.de

GÖTTINGEN
Schlömer/Sperl
Kirchhofgärten 22
74635 Kupferzell
Tel.: (07944) 94 11 05
Fax: (07944) 94 11 08
Mail: goettingen@hemmer.de

GREIFSWALD
Burke/Lück
Buchbinderstr. 17
18055 Rostock
Tel.: (0381) 3 77 74 00
Fax: (0381) 3 77 74 01
Mail: greifswald@hemmer.de

HALLE
Ra. J. Luke
Rödelstr. 13
04229 Leipzig
Tel.: (0341) 49 25 54 70
Fax: (0341) 49 25 54 71
Mail: halle@hemmer.de

HAMBURG
Schlömer/Sperl
Steinhöft 5-7
20459 Hamburg
Tel.: (040) 317 669 17
Fax: (040) 317 669 20
Mail: hamburg@hemmer.de

HANNOVER
Daxhammer/Sperl
Matzenhecke 23
97204 Höchberg
Tel.: (0931) 400 337
Fax: (0931) 404 3109
Mail: hannover@hemmer.de

HEIDELBERG
Behler/Rausch
Rohrbacher Str. 3
69115 Heidelberg
Tel.: (06221) 65 33 66
Fax: (06221) 65 33 30
Mail: heidelberg@hemmer.de

JENA
Hemmer/Wüst
Mergentheimer Str. 44
97082 Würzburg
Tel.: (0931) 79 78 257
Fax: (0931) 79 78 240
Mail: jena@hemmer.de

KIEL
Schlömer/Sperl
Kirchhofgärten 22
74635 Kupferzell
Tel.: (07944) 94 11 05
Fax: (07944) 94 11 08
Mail: kiel@hemmer.de

KÖLN
Ronneberg/Clobes/Geron
Simrockstr. 5
53113 Bonn
Tel.: (0228) 91 14 125
Fax: (0228) 91 14 141
Mail: koeln@hemmer.de

KONSTANZ
Guldin/Kaiser
Hindenburgstr. 15
78467 Konstanz
Tel.: (07531) 69 63 63
Fax: (07531) 69 63 64
Mail: konstanz@hemmer.de

LEIPZIG
Ra. J. Luke
Rödelstr. 13
04229 Leipzig
Tel.: (0341) 49 25 54 70
Fax: (0341) 49 25 54 71
Mail: leipzig@hemmer.de

MAINZ
Geron
Dreifaltigkeitsweg 49
53489 Sinzig
Tel.: (02642) 61 44
Fax: (02642) 61 44
Mail: mainz@hemmer.de

MANNHEIM
Behler/Rausch
Rohrbacher Str. 3
69115 Heidelberg
Tel.: (06221) 65 33 66
Fax: (06221) 65 33 30
Mail: mannheim@hemmer.de

MARBURG
Sperl
Parkweg 7
97944 Boxberg
Tel.: (07930) 99 23 38
Fax: (07930) 99 22 51
Mail: marburg@hemmer.de

MÜNCHEN
Wüst
Mergentheimer Str. 44
97082 Würzburg
Tel.: (0931) 79 78 230
Fax: (0931) 79 78 234
Mail: muenchen@hemmer.de

MÜNSTER
Schlömer/Sperl
Salzstr. 14/15
48143 Münster
Tel.: (0251) 67 49 89 70
Fax.: (0251) 67 49 89 71
Mail: muenster@hemmer.de

OSNABRÜCK
Fethke
Liebknechtstr. 35
99086 Erfurt
Tel.: (0541) 18 55 21 79
Fax.: ---
Mail: osnabrueck@hemmer.de

PASSAU
Köhn/Rath
Mergentheimer Str. 44
97082 Würzburg
Tel.: (0931) 79 78 230
Fax.: (0931) 79 78 234
Mail: passau@hemmer.de

POTSDAM
Gast
Schumannstraße 18
10117 Berlin
Tel.: (030) 240 45 738
Fax: (030) 240 47 671
Mail: mitte@hemmer-berlin.de

REGENSBURG
Daxhammer/d´Alquen
Parkweg 7
97944 Boxberg
Tel.: (07930) 99 23 38
Fax: (07930) 99 22 51
Mail: regensburg@hemmer.de

ROSTOCK
Burke/Lück
Buchbinderstr. 17
18055 Rostock
Tel.: (0381) 3777 400
Fax: (0381) 3777 401
Mail: rostock@hemmer.de

SAARBRÜCKEN
Bold
Preslesstraße 2
66987 Thaleischweiler-Fröschen
Tel.: (06334) 98 42 83
Fax: (06334) 98 42 83
Mail: saarbruecken@hemmer.de

TRIER
Geron
Dreifaltigkeitsweg 49
53489 Sinzig
Tel.: (02642) 61 44
Fax: (02642) 61 44
Mail: trier@hemmer.de

TÜBINGEN
Guldin/Kaiser
Hindenburgstr. 15
78465 Konstanz
Tel.: (07531) 69 63 63
Fax: (07531) 69 63 64
Mail: tuebingen@hemmer.de

WÜRZBURG - ZENTRALE -
Mergentheimer Str. 44
97082 Würzburg
Tel.: (0931) 79 78 230
Fax: (0931) 79 78 234
Mail: wuerzburg@hemmer.de

Vorwort

Basics mit der hemmer-Methode

Wer in vier Jahren sein Studium abschließen will, kann sich einen Irrtum in Bezug auf Stoffauswahl und -aneignung nicht leisten. Hoffen Sie nicht auf leichte Rezepte und den einfachen Rechtsprechungsfall. Hüten Sie sich vor Übervereinfachung beim Lernen. Stellen Sie deswegen frühzeitig die Weichen richtig.

Die „Basics" schaffen Voraussetzungen für das Verstehen der Juristerei, ermöglichen Ihnen Verständnis für klausurtypische Probleme und sind Ihnen in der Klausur eine **Anwendungshilfe**, die Sie mit den üblichen juristischen Denkmustern von Klausurerstellern vertraut machen. Wissen wird konsequent unter Anwendungsgesichtspunkten erworben.

Die **hemmer-Methode** vermittelt Ihnen die **erste richtige Einordnung** und das **Problembewusstsein**, welches Sie brauchen, um an einem Thema der Klausur nicht vorbeizuschreiben. Häufig ist dem Studenten nicht klar, warum er schlechte Klausuren schreibt. Wir geben Ihnen **gezielte Tipps**! Vertrauen Sie auf unsere **Expertenkniffe**.

Durch die ständige Diskussion mit unseren Kursteilnehmern ist uns als erfahrenen Repetitoren klar geworden, welche **Probleme** der Student hat, sein **Wissen in der Klausur anzuwenden**. Wir haben aber auch von unseren Kursteilnehmern profitiert und von ihnen erfahren, welche **Argumentationsketten** in der Prüfung zum Erfolg geführt haben.

Die **hemmer-Methode** gibt **jahrelange Erfahrung** weiter, erspart Ihnen viele schmerzliche Irrtümer, setzt richtungsweisende Maßstäbe und begleitet Sie als **Gebrauchsanweisung** in Ihrer Ausbildung:

1. Grundwissen:

Die **Grundwissenkripten** sind für den Studenten in den ersten Semestern gedacht. In den Theoriebänden Grundwissen werden leicht verständlich und kurz die wichtigsten Rechtsinstitute vorgestellt und das notwendige Grundwissen vermittelt. Die Skripten werden durch den jeweiligen Band unserer **Reihe „Die wichtigsten Fälle“** ergänzt.

2. Basics:

Das Grundwerk für Studium und Examen. Es schafft schnell **Einordnungswissen** und mittels der hemmer-Methode richtiges Problembewusstsein für Klausur und Hausarbeit. Wichtig ist, **wann und wie** Wissen in der Klausur angewendet wird.

3. Skriptenreihe:

Vertiefendes Prüfungswissen: Über 1.000 Klausuren wurden auf ihre „essentials" abgeklopft. Anwendungsorientiert werden die für die Prüfung nötigen Zusammenhänge umfassend aufgezeigt und wiederkehrende Argumentationsketten eingeübt.

Gleichzeitig wird durch die hemmer-Methode auf **anspruchsvollem Niveau** vermittelt, nach welchen Kriterien Prüfungsfälle beurteilt werden. Mit dem Verstehen wächst die Zustimmung zu Ihrem Studium. Spaß und Motivation beim Lernen entstehen erst durch Verständnis.

Lernen Sie, durch Verstehen am juristischen Sprachspiel teilzunehmen. Wir schaffen den „background“, mit dem Sie die innere Struktur von Klausur und Hausarbeit erkennen: **„Problem erkannt, Gefahr gebannt“**. Profitieren Sie von unserem **strategischen Wissen**. Wir werden Sie mit unserem know-how auf das Anforderungsprofil einstimmen, das Sie in Klausur und Hausarbeit erwartet.

Die Theoriebände Grundwissen, die Basics, die Skriptenreihe und der Hauptkurs sind als **modernes, offenes und flexibles Lernsystem** aufeinander abgestimmt und ergänzen sich ideal. Die **studentenfreundliche Preisgestaltung** ermöglicht den **Erwerb als Gesamtwerk**.

4. Hauptkurs:

Schulung am examenstypischen Fall mit der Assoziationsmethode. Trainieren Sie unter professioneller Anleitung, was Sie im Examen erwartet und wie Sie bestmöglich mit dem Examensfall umgehen.

Nur wer die Dramaturgie eines Falles verstanden hat, ist in Klausur und Hausarbeit auf der sicheren Seite! Häufig hören wir von unseren Kursteilnehmern: **„Erst jetzt hat Jura richtig Spaß gemacht“**.

Die Ergebnisse unserer Kursteilnehmer geben uns Recht. Maßstab ist der Erfolg. Die Examensergebnisse zeigen, dass unsere Kursteilnehmer überdurchschnittlich abschneiden.

Die Examensergebnisse unserer Kursteilnehmer sollten Ansporn für Sie sein, intelligent zu lernen: Wer nur auf vier Punkte lernt, landet leicht bei drei.

Wir hoffen, als Repetitoren mit unserem Gesamtangebot bei der Konkretisierung des Rechts mitzuwirken und wünschen Ihnen **viel Spaß beim Durcharbeiten** unserer Skripten.

Wir würden uns freuen, mit Ihnen als Hauptkursteilnehmer mit der **hemmer-Methode** gemeinsam Verständnis an der Juristerei zu trainieren. Nur wer erlernt, was ihn im Examen erwartet, lernt richtig!

So leicht ist es uns kennenzulernen, Probehören ist jederzeit in den jeweiligen Kursorten möglich.

Karl Edmund Hemmer & Achim Wüst

BASICS EUROPARECHT

Hemmer/Wüst/Wolfram

Hemmer/Wüst Verlagsgesellschaft

Hemmer/Wüst, Basics Europarecht

ISBN 978-3-86193-512-4

9. Auflage 2016

gedruckt auf chlorfrei gebleichtem Papier
von Schleunungdruck GmbH, Marktheidenfeld

Die Zahlen beziehen sich auf die Seiten des Skripts.

§ 1 EINFÜHRUNG

Das Europarecht gewinnt in der Praxis ständig an Bedeutung. Es gibt kaum noch Rechtsgebiete, die ohne Bezug zum Europarecht sind. So ist z.B. das Schuldrecht sehr stark von den zugrunde liegenden Richtlinien der Union geprägt.

Parallel zu dieser Bedeutung in der Praxis steigt auch die Klausurrelevanz. Das Europarecht zählt in fast allen Bundesländern zum Pflichtfachbereich und wird immer mehr auch tatsächlich abgeprüft, sodass Sie hier nicht auf „Lücke“ gehen sollten.

A) Der Begriff des Europarechts

Wer sich mit dem Europarecht befasst, muss sich auch an terminologische Vielfalt gewöhnen: Immer wieder wird wesentlich Gleiches mit (wesentlich) unterschiedlichen Begriffen und wesentlich Ungleiches mit (wesentlich) gleichen Begriffen belegt.

Letzteres beginnt schon beim Begriff des Europarechts selbst. „Europarecht“ lässt sich in einem weiteren und einem engeren Sinne verstehen.

EuR i.w.S.

Europarecht im weiteren Sinne umfasst das gesamte regionale Völkerrecht, insbesondere das Recht europäischer internationaler Organisationen. *1*

EuR i.e.S.

Europarecht im engeren Sinne beschränkt sich dagegen auf die Regelungen der Europäischen Union, v.a. den EUV und den EAUV. *2*

B) Chronik der Verträge der europäischen Integration

Die europäische Integration erstreckt sich über einen über fünfzigjährigen Prozess von Vertiefung und Erweiterung. Die vertraglichen Eckpunkte dieser Entwicklung waren die folgenden: *3*

I. Gründung des „Europa der Sechs“

Pariser Vertrag

Den Anfang bildete die Gründung der **Europäischen Gemeinschaft für Kohle und Stahl** („Montanunion“) durch Deutschland, Frankreich, Italien und die Benelux-Staaten. Am 18.04.1951 wurde der Vertrag über die Gründung der EGKS (EGKSV) in Paris unterzeichnet und trat am 23.07.1952 in Kraft.[1] *4*

---

1 Zum Auslaufen dieses Vertrages siehe Rn. 10.

Römische Verträge

Einige Jahre später beschlossen dieselben Staaten die Schaffung zweier weiterer Gemeinschaften, der **Europäischen Atomgemeinschaft** („Euratom“) sowie der **Europäischen Wirtschaftsgemeinschaft**. Am 23.03.1957 unterzeichneten sie in Rom die Verträge über die Gründung der EAG und der EWG, die am 01.01.1958 in Kraft traten.

II. Erste und zweite Erweiterung

Europa der Neun

Zum 01.01.1973 traten das Vereinigte Königreich, Irland und Dänemark den drei Europäischen Gemeinschaften bei. In Norwegen wurde der Beitritt in einem Volksentscheid abgelehnt. Es entstand das **„Europa der Neun“**. 5

Europa der Zwölf

In den achtziger Jahren folgten die Beitritte Griechenlands (01.01.1981) sowie Spaniens und Portugals (01.01.1986). Es entstand das **„Europa der Zwölf“**.

III. Erste grundlegende Revision

EEA

Mit der **Einheitlichen Europäischen Akte (EEA)**, die am 28.02.1986 unterzeichnet wurde und am 01.07.1987 in Kraft trat, wurden die drei Gründungsverträge erstmalig umfassend geändert. Dabei wurden vor allem die Politikbereiche der EWG erweitert. 6

EPZ

Darüber hinaus enthielt die EEA Bestimmungen über die Europäische Zusammenarbeit in der Außenpolitik (sog. **Europäische Politische Zusammenarbeit** - EPZ). Die zwölf Mitgliedstaaten der Europäischen Gemeinschaften wollten sich bemühen, „gemeinsam eine europäische Außenpolitik auszuarbeiten und zu verwirklichen“ (Art. 30 I EEA).

= intergouvernementale Zusammenarbeit

Die EPZ stellte keine vierte Gemeinschaft dar, sondern lediglich eine institutionalisierte Form „normaler“ völkerrechtlicher Zusammenarbeit dieser Staaten (**intergouvernementale Zusammenarbeit**).

IV. Zweite grundlegende Revision

Maastrichter Vertrag

Eine „neue Stufe bei der Verwirklichung einer immer engeren Union der Völker Europas“ (Art. 1 II EUV) stellte der in Maastricht am 07.02.1992 unterzeichneten **Vertrag über die Europäische Union** dar, der am 01.11.1993 in Kraft trat. 7

Erneut wurden die Gründungsverträge der drei Europäischen Gemeinschaften geändert. Insbesondere wurde die Unionsbürgerschaft eingeführt und der Weg zur Wirtschafts- und Währungsunion vertraglich festgelegt.

Die EWG wurde entsprechend ihrer nunmehr nicht nur wirtschaftlichen Ausrichtung in „Europäische Gemeinschaft“ umbenannt.

Gründung der EU

Mit dem Maastrichter Vertrag wurde gemäß Art. 1 I EUV die **Europäische Union gegründet**. Sie stellt gemäß Art. 1 II EUV eine neue Stufe bei der Verwirklichung einer immer engeren Union der Völker Europas dar.

Grundlagen der EU

Die Grundlagen dieser Union bildeten gemäß Art. 1 III EUV a.F. die drei geänderten Europäischen Gemeinschaften (= erste Säule) sowie die GASP (= zweite Säule) und die ZBJI (= dritte Säule).

GASP = intergouvernementale ZA

Im EUV selbst wurden v.a. zwei Materien geregelt: Die Regeln der EPZ wurden ersetzt durch die Bestimmungen über die **Gemeinsame Außen- und Sicherheitspolitik**. Dem Ziel gemeinsamen außenpolitischen Handelns wurde durch etwas strengere Regelungen entsprochen. Es blieb allerdings beim Charakter intergouvernementaler Zusammenarbeit.

ZBJI = intergouvernementale ZA

Den gleichen Charakter hatte die neugeschaffene vertragliche **Zusammenarbeit in den Bereichen Justiz und Inneres**, die auf den zuvor gesammelten Erfahrungen in der Kooperation der Justiz- und Innenminister dieser Staaten aufbaute. Auch sie stellte lediglich eine institutionalisierte Form **intergouvernementaler Zusammenarbeit** dar.

V. Dritte Erweiterung

Europa der Fünfzehn

Zum 01.01.1995 traten Schweden, Finnland und Österreich der Europäischen Union bei. Ein Beitritt Norwegens scheiterte erneut an einem Volksentscheid. Es entstand das **„Europa der Fünfzehn“**. 8

VI. Dritte grundlegende Revision

Amsterdamer Vertrag

Am 02.10.1997 unterzeichneten die fünfzehn Mitgliedstaaten der EU den **Amsterdamer Vertrag**, der zum 01.05.1999 in Kraft trat. Darin erfolgten sowohl Änderungen der Gründungsverträge der Europäischen Gemeinschaften als auch des EU-Vertrages. 9

Teile der ZBJI vergemeinschaftet

Teile der ZBJI wurden **vergemeinschaftet**. So wurden die Gegenstände der Einwanderungs- und Asylpolitik, des freien Personenverkehrs von Drittstaatsangehörigen sowie der justiziellen Zusammenarbeit in Zivilsachen als Titel IV in den EG-Vertrag (Art. 61 ff. EGV, nunmehr Art. 67 ff. AEUV) eingefügt. Sie wurden damit zu einer Gemeinschaftspolitik. Die sog. dritte Säule der EU in Titel VI des EU-Vertrages „reduziert“ sich damit auf die **polizeiliche und justizielle Zusammenarbeit in Strafsachen** (Art. 29 ff. EUV a.F., nunmehr in den Art. 67 ff. AEUV).

Sozialpolitik

Die bisherigen sozialpolitischen Vertragsbestimmungen, die im Sozialabkommen verankert waren, das nicht für das Vereinigte Königreich galt, wurden durch die sog. „**Sozialpolitik**" ersetzt. Diese wesentlich umfassenderen Bestimmungen (Art. 136 ff. EGV, nunmehr Art. 151 ff. AEUV) galten damit nun für das gesamte Gemeinschaftsgebiet.

Beschäftigungspolitik

Mit der neu eingeführten **Beschäftigungspolitik** (Art. 125 ff. EGV, nunmehr Art. 145 ff. AEUV) wurde der Union zudem ein neuer Kompetenzbereich zugewiesen, um die Beschäftigungspolitik der Mitgliedstaaten besser aufeinander abzustimmen und koordinierte Beschäftigungsstrategien zu entwickeln.

Prinzip der Flexibilität

Für das weitere Voranschreiten der Integration ist in die Verträge das **Prinzip der Flexibilität** eingeführt worden (Art. 11 EGV, nunmehr Art. 20 EUV). Es gibt den Mitgliedstaaten, die dies wollen, die Möglichkeit der verstärkten Zusammenarbeit „in kleinerer Runde" unter Nutzung der vorhandenen EG- und EU-Strukturen.

Suspendierungsmöglichkeit

Eine Neuerung stellt auch die Möglichkeit der **Suspendierung mitgliedstaatlicher Rechte** bei fundamentaler Verletzung der gemeinsamen Grundsätze der Union dar (Art. 7 EUV).

VII. Vertrag von Nizza

Durch den Vertrag von Nizza vom 26.02.01 wurden die Weichen für die „Osterweiterung" der EU gestellt. 10

Zum 23.07.2002 ist der Vertrag über die EGKS ausgelaufen, sodass diese nicht mehr existiert.

VIII. Osterweiterung

Osterweiterung

Im April 2003 wurde in Athen die Osterweiterung der EU beschlossen, die zum 01.05.2004 Wirklichkeit wurde. An diesem Tag wurde der Beitritt von zehn mittel- und osteuropäischen Staaten[2] wirksam. 11

Zum 01.01.2007 traten Rumänien und Bulgarien der EU bei. Am 01.07.2013 folgte Kroatien. Seitdem besteht die EU aus 28 Mitgliedern. Weitere Staaten wollen Beitrittsanträge stellen bzw. haben dies bereits getan.

2 Estland, Lettland, Litauen, Polen, Tschechische Republik, Slowakische Republik, Slowenien, Ungarn, Zypern und Malta.

IX. Verfassungsvertrag von Rom

gescheiterter Verfassungsvertrag

Im Dezember 2001 wurde ein Europäischer Verfassungskonvent einberufen, der die Grundlagen des künftigen Europas vorbereiten soll. 2004 wurde in Rom der Verfassungsvertrag feierlich beschlossen. 12

Im Mai und Juni 2005 scheiterte allerdings die Ratifizierung des Vertrages in Frankreich und in den Niederlanden.

X. Reformvertrag von Lissabon

Reformvertrag von Lissabon

Um die Arbeitsfähigkeit der Union nach dem Scheitern des Verfassungsvertrages dennoch zu erhalten, wurden aus dem gescheiterten Verfassungsvertrag strittige Punkte, insbesondere staatstypische Symbole wie Hymne und Flagge, gestrichen und der Begriff „Verfassung“ durch „Vertrag“ ersetzt. Der so entstandene Vertrag von Lissabon (ursprünglich auch EU-Grundlagenvertrag bzw. Reformvertrag genannt) soll der Europäischen Union eine einheitliche Struktur geben. Beim EU-Gipfel am 18. und 19. Oktober 2007 einigten sich die Staats- und Regierungschefs auf den endgültigen Vertragstext, der am 13. Dezember 2007 in Lissabon unterzeichnet wurde. 13

Nachdem mit einem positiven Referendum in Irland und (weitgehend) bestätigenden Verfassungsgerichtsentscheidungen in Deutschland[3] und der Tschechei die letzten Hindernisse aus dem Weg geräumt waren, konnte der Vertrag von Lissabon zum 01.12.2009 in Kraft treten.

XI. Eurokrise

Mit der seit 2010 schwelenden bzw. besser köchelnden Wirtschaftskrise einiger Eurostaaten sieht sich der Euro-Verbund neuen Herausforderungen ausgesetzt. 13a

Zur Rettung des Euro und der Beruhigung der Finanzmärkte wurden mehrere „Rettungsschirme“ gespannt, zuletzt wurde am 08.10.2012 der ESM gegründet.[4] Im Zusammenhang mit der Eurokrise sind aber noch weitere Reformen und Änderungen auch der Verträge zu erwarten. So gibt es den Ruf nach einer Vergemeinschaftung der Schulden der Mitgliedstaaten – und damit nach einer grundlegenden Änderung der Art. 123 ff. AEUV – aber auch die Forderung nach einer Art „Super-EU-Finanzminister“ mit Durchgriffsbefugnissen auf die nationalen Haushalte.

---

[3] BVerfG, NJW 2009, 2267 - 2295 = **Life&Law 09/2009, 618 ff.** = **juris**byhemmer. (Wenn dieses Logo hinter einer Fundstelle abgedruckt wird, finden Sie die Entscheidung online unter „juris by hemmer“: www.hemmer.de. Zur Arbeit mit juris befindet sich vorne im Skript eine ausführliche Anleitung.) Einzelheiten zu dieser Entscheidung unter Rn. 64.

[4] Diese Rettungsschirme sind nach Ansicht des BVerfG mit Art. 23 I S. 3, 79 III, 20 GG solange vereinbar, wie der Umfang der finanziellen Verpflichtungen Deutschlands allein vom Willen des deutschen Bundestages abhängt, vgl.

§ 2 DIE EUROPÄISCHE UNION

A) Die Union und ihr Verhältnis zu den Europäischen Gemeinschaften

I. Rechtslage vor dem Vertrag von Lissabon

Gründung der Europäischen Union (EU)

Durch den „Maastricht-Vertrag" haben die Mitgliedstaaten der EG die Europäische Union gegründet, Art. 1 I EUV, vgl. oben Rn. 7. Grundlage dieser Union waren die Europäischen Gemeinschaften (EG, EAG), die durch die Politiken und Formen der Zusammenarbeit des EU ergänzt wurden, Art. 1 III S. 1 EUV a.F. 14

Die EU ruhte damit auf „drei Pfeilern":

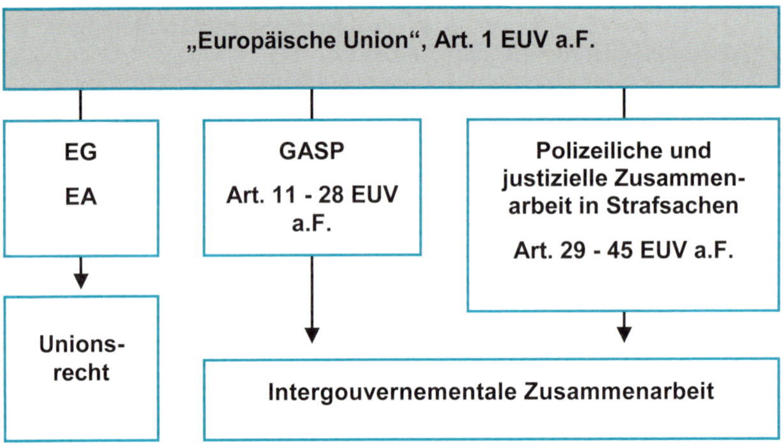

EG als wichtigster Vertrag, Verhältnis EG, EA

Wichtigster Vertrag war der EGV mit der auf seiner Grundlage errichteten Europäischen Gemeinschaft (EG).[5] Er zielte auf eine Zusammenarbeit der Mitgliedstaaten in allen Bereichen der Wirtschaft sowie in bestimmten, nichtwirtschaftlichen Bereichen und damit auf eine umfassende Integration ab. Der EAV, der grundsätzlich nicht Prüfungsstoff ist, bezieht sich im Wesentlichen auf die friedliche Nutzung der Atomenergie.

BVerfG, NJW 2012, 3145 - 3161 = **Life&Law 11/2012** = **juris**byhemmer; vgl. zur Eurorettung auch BVerfG, Beschluss vom 14.01.2014, 2 BvR 2728/13 u.a. = **Life&Law 04/2014** = **juris**byhemmer.

5 Der Vertrag zur Gründung der Europäischen Gemeinschaft für Kohle und Stahl lief zum 23.07.2002 aus (vgl. Rn. 4).

II. Rechtslage seit dem Vertrag von Lissabon

Diese Konstruktion der Union als Dach mit drei Säulen wird durch den Vertrag von Lissabon abgeschafft. Die Europäische Gemeinschaft geht vollständig in der Europäischen Union auf, vgl. Art. 1 III S. 3 EUV, sodass in Zukunft weder der Begriff „Europäische Gemeinschaft" noch der Begriff „Gemeinschaftsrecht" weiter besteht. Künftig gibt es nur noch die Union und das Unionsrecht. 15

Die wichtigsten rechtlichen Grundlagen sind Unionsvertrag (EUV) und der Vertrag über die Arbeitsweise der Europäischen Union (kurz: AEUV), vgl. Art. 1 III S. 1 EUV.

hemmer-Methode: Die Europäische Atomgemeinschaft besteht weiter fort, ist aber unabhängig von der Europäischen Union.[6] Der EAV gehört nicht zum Prüfungsstoff des Europarechts!

III. Ziele der Union

Die **Ziele der Union** sind gemäß Art. 3 EUV u.a. 16

- eine harmonische, ausgewogene und nachhaltige Entwicklung des Wirtschaftslebens,
- ein hohes Beschäftigungsniveau und ein hohes Maß an sozialem Schutz,
- die Gleichstellung von Männern und Frauen,
- ein beständiges, nichtinflationäres Wachstum,
- ein hoher Grad an Konvergenz der Wirtschaftsleistungen,
- ein hohes Maß an Umweltschutz und Verbesserung der Umweltqualität,
- die Hebung der Lebenshaltung und der Lebensqualität und
- der wirtschaftliche und soziale Zusammenhalt und die Solidarität zwischen den Mitgliedstaaten.

Ziele der Union sind darüber hinaus auch in der Präambel und anderen Vertragsbestimmungen (z.B. Art. 151 AEUV) zu finden.

---

6 Vgl. auch unten Rn. 26.

Die Erreichung dieser Ziele fördert die Union v.a. durch 16

- die Errichtung eines Gemeinsamen Marktes, Art. 3 III EUV sowie
- die Errichtung einer Wirtschafts- und Währungsunion, Art. 3 IV EUV.

IV. Die Rechtsnatur der Union

1. Die Union als Staatengemeinschaft

supranationale internationale Organisation

Mit dem Vertrag über die Gründung der Europäischen Wirtschaftsgemeinschaft schufen die sechs Gründungsstaaten eine **supranationale internationale Organisation**. 17

Staatengemeinschaft

Zur Beschreibung der Besonderheiten dieses Gebildes hat sich in Literatur, Rechtsprechung und Praxis der Begriff von der **Staatengemeinschaft** durchgesetzt.

Vertrag von Lissabon

Mit dem Vertrag von Lissabon wurde die Europäische Gemeinschaft durch die Europäische Union abgelöst. Die Union ist der Rechtsnachfolger der Gemeinschaft, vgl. Art. 1 III S. 2 EUV. Art. 335 AEUV stellt klar, dass die Union rechts- und geschäftsfähig ist. 18

a) Die Union als internationale Organisation

Die Union weist alle Merkmale einer internationalen Organisation auf. Sie ist ein auf völkerrechtlichem Vertrag - dem EU-Vertrag - beruhender mitgliedschaftlich strukturierter Zusammenschluss von mehreren Staaten, der mit eigenen Organen (Art. 13 ff. EUV) Angelegenheiten von gemeinsamem Interesse besorgt (Art. 3 EUV). 19

Völkerrechts-subjektivität

Umstritten ist, ob eine internationale Organisation darüber hinaus auch Völkerrechtssubjektivität besitzen muss. In Bezug auf die Union ist dieser Streit jedoch irrelevant, denn in **Art. 335 AEUV** wurde dieser die Völkerrechtsubjektivität durch die Mitgliedstaaten verliehen und inzwischen von vielen Drittstaaten auch anerkannt.

b) Die Union als supranationales Gebilde

Die Union weist aber zudem Merkmale auf, die über das hinausreichen, was eine herkömmliche internationale Organisation charakterisiert. Sie ist ein supranationales Gebilde.[7] 20

Der Begriff der Supranationalität ist im Wesentlichen durch zwei Merkmale gekennzeichnet:

- die sog. Durchgriffswirkung des Rechts und
- das Mehrheitsprinzip in den Organen.

aa) Durchgriffswirkung

autonome Rechtsordnung

Die Union bildet eine von den Mitgliedstaaten unabhängige Rechtsordnung. Ob sie als ein spezieller, abgrenzbarer Teil des Völkerrechts oder aber als eine auch insoweit autonome Rechtsordnung sui generis zu verstehen ist, ist umstritten. 21

Rechtsraum umfasst auch innerstaatlichen Bereich

Anders als sonstige Erscheinungsformen des Völkerrechts umfasst der Rechtsraum des Unionsrechts **nicht nur** die Beziehungen zwischen den Mitgliedstaaten und den Unionsorganen, sondern er umfasst **darüber hinaus** auch den innerstaatlichen Rechtsraum der Mitgliedstaaten.

EuGH

> „Zum Unterschied von gewöhnlichen internationalen Verträgen hat der EWG-Vertrag eine eigene Rechtsordnung geschaffen, die bei seinem Inkrafttreten in die Rechtsordnungen der Mitgliedstaaten aufgenommen worden ist.“[8]

Adressaten der Hoheitsgewalt der Union sind deshalb nicht nur ihre eigenen Organe sowie die Mitgliedstaaten als solche, sondern auch alle innerstaatlichen Rechtsanwender und Rechtsunterworfenen.

Besonders deutlich wird dies im Fall einer Unions-Verordnung. Diese wirkt nach Art. 288 II AEUV unmittelbar in jedem Mitgliedsstaat, vergleichbar einem nationalen Gesetz.

bb) Mehrheitsprinzip

Die Beschlussfassung in den Unionsorganen erfolgt überwiegend nach dem Mehrheitsprinzip. Aufgrund der Durchgriffswirkung kann dadurch innerstaatlich wirksames Recht auch gegen den Willen einzelner Mitgliedstaaten gesetzt werden. 22

---

7 Vgl. **Hemmer/Wüst, Europarecht, Rn. 26**.

8 EuGH, Urt. v. 15.7.1964, Rs. 6/64, Costa/ENEL, Tz. 8, NJW 1964, 2371 = **juris**byhemmer.

2. Abgrenzung zu anderen völkerrechtlichen Gebilden

Bundesstaat (-)

a) Die Union ist **kein Bundesstaat**. Der entscheidende Unterschied liegt in der fehlenden Kompetenz-Kompetenz der Zentralebene. Der Union wurden nur begrenzt Kompetenzen durch den EUV verliehen, Prinzip der begrenzten Einzelermächtigung, Art. 5 II EUV, und die Vertragsänderungskompetenz ist grundsätzlich bei den Mitgliedstaaten verblieben, vgl. Art. 48 EUV. 23

Kompetenz-Kompetenz

Auch in einem Bundesstaat können u.U. der Zentralebene (Bund) nur begrenzte Kompetenzen zugewiesen sein (vgl. Art. 30 GG).

Bei einem Bundesstaat liegt jedoch die verfassungsändernde Gewalt und damit die sog. Kompetenz-Kompetenz auf der Zentralebene (in Deutschland bei den Bundesorganen Bundestag und Bundesrat), sodass sich die Zentralebene jederzeit dann im Wege der Verfassungsänderung ihren Zuständigkeitsbereich erweitern kann. In der Union ist die Vertragsänderungsgewalt jedoch ganz überwiegend bei den Mitgliedstaaten, also auf der Partikularebene verblieben.

b) Die Union ist auch kein **Staatenbund**. Gemessen an den klassischen Vorbildern, steht dieser Begriff für einen Staatenzusammenschluss, 24

- dem vorrangig sensible Politikbereiche (sog. high politics) wie Außen- oder Verteidigungspolitik übertragen wurden,
- dessen Recht die Mitgliedstaaten nur völkerrechtlich bindet und
- der die Möglichkeit der Bundesexekution gegenüber den Mitgliedstaaten besitzt.

Die Union jedoch geht teilweise darüber hinaus und bleibt zu anderen Teilen dahinter zurück.

Gerade die Außen- und Verteidigungspolitik wurden durch die Mitgliedstaaten nicht vollständig vergemeinschaftet, vgl. Art. 4 II S. 3 EUV. Die Union bildet somit vom Integrationsansatz her eher das Gegenstück zum Staatenbund. Andererseits besitzt ihr Recht im Unterschied zum Staatenbund supranationale Durchgriffswirkung.

EU = „Staatenverbund“

Das BVerfG hat aus einem ähnlichen Blickwinkel heraus in der Maastricht-Entscheidung den Begriff vom **Staatenverbund** geschaffen:

BVerfG

„Der Unions-Vertrag begründet einen Staatenverbund zur Verwirklichung einer immer engeren Union der - staatlich organisierten - Völker Europas (Art. A EU, vgl. Art. 1 EUV n.F.), keinen sich auf ein europäisches Staatsvolk stützenden Staat.“[9]

B) Die (anderen) Europäischen Gemeinschaften

I. Die Europäische Gemeinschaft für Kohle und Stahl

Die Europäische Gemeinschaft für Kohle und Stahl wurde durch 25
den Montanunionvertrag vom 18. April 1951 in Ausführung des sog. Schuman-Plans über die Vereinigung der deutschen und französischen Kohle- und Stahlindustrie gegründet.

Es war Aufgabe der Montanunion, auf der Grundlage eines gemeinsamen Marktes für Kohle und Stahl,

- zur Ausweitung der Wirtschaft,
- zur Steigerung der Beschäftigung und
- zur Hebung der Lebenshaltung in den Mitgliedstaaten beizutragen.

Wie die EG besaß auch die Montanunion **Völkerrechtsubjektivität** (Art. 6 EGKSV) und im Übrigen seit 1965[10] auch **dieselbe Rechts- und Organstruktur** (vgl. Art. 7 EGKSV).

Im Unterschied zu den anderen Gemeinschaften ist die Geltung des EGKSV auf **50 Jahre** begrenzt, Art. 97 EGKSV. Da der Vertrag nicht verlängert wurde, ist die EGKS zum 23.07.2002 erloschen.

II. Die Europäische Atomgemeinschaft

Zugleich mit der EWG wurde in Paris auch die Europäische 26
Atomgemeinschaft „Euratom“ gegründet. Der Vertrag trat ebenfalls am 01.01.1958 in Kraft.

---

9 BVerfGE 89, 155 - 213 (156), 8. LS; Begriff geprägt von Verfassungsrichter Paul Kirchhof = **juris**byhemmer.

10 Fusionsvertrag vom 08.04.1965.

Euratom soll speziell durch die Schaffung der für die schnelle Bildung und Entwicklung von Kernindustrien erforderlichen Voraussetzungen

- zur Hebung der Lebenshaltung in den Mitgliedstaaten und
- zur Entwicklung der Beziehungen mit den anderen Ländern beitragen.

Der EAG-Vertrag ist auf unbestimmte Zeit geschlossen worden und gilt auch nach dem Inkrafttreten des Lissabon-Vertrages weiter.

III. Das Verhältnis zwischen Union und Euratom

Selbstständigkeit

Union und Euratom sind rechtlich selbstständige, nebeneinander bestehende Rechtspersönlichkeiten. *27*

lediglich Fusion der Organe

Es erfolgte aber eine Fusion der Organe, sodass diese nunmehr in Personalunion für Union und Euratom zuständig sind. Ihr Handeln richtet sich dennoch grundsätzlich nur nach dem jeweiligen Unionsvertrag, vgl. Art. 106a AEUV. *28-31*

§ 3 GRUNDPRINZIPIEN DER UNION

A) Prinzip der Einheit der Rechtsordnung

Eines der grundlegendsten Prinzipien in der Union ist das der Einheit der Rechtsordnung. Es verlangt, dass im gesamten Geltungsbereich des Unionsrechts dessen einheitliche Anwendung sicherzustellen ist. 33

Unterstützt wird dieses Prinzip durch den Grundsatz des „**effet utile**“, vgl. Art. 4 III EUV, der praktischen Wirksamkeit des Unionsrechts; nur die einheitliche Rechtsanwendung kann die tatsächliche Wirkung dieser Rechtsordnung garantieren.

hemmer-Methode: Das Argument des effet utile wird äußerst häufig vom EuGH verwendet und kann daher auch in der Klausur als Argumentationshilfe dienen (nicht jedoch als Argumentationsersatz).

B) Prinzip der begrenzten Ermächtigung

Inhalt des Prinzips

Nach dem Prinzip der begrenzten (Einzel-)Ermächtigung wird die Union nur innerhalb der Grenzen der ihr in diesem Vertrag zugewiesenen Befugnisse und gesetzten Ziele tätig, vgl. Art. 5 I, II EUV.[11] 34

erst Ermächtigungsgrundlage erlaubt Handeln der Union

Jedes Handeln der Union bedarf einer nachweisbaren Ermächtigungsgrundlage, Art. 5 II EUV. Aus Zielbestimmungen allein lassen sich die Handlungsbefugnisse grundsätzlich nicht ableiten[12] (str.).

Ermächtigungsgrundlage begrenzt zugleich Handeln der Union

Die Union darf insbesondere nur durch das in der Ermächtigungsgrundlage vorgesehene **Organ** in dem darin vorgesehenen **Verfahren** im erlaubten **Umfang** handeln. Anderenfalls sind die Handlungen nichtig.[13]

keine Kompetenz-Kompetenz!

Die Union kann sich nicht selbst neue Handlungsbefugnisse verschaffen. Dazu fehlt es ihr nämlich an einer Ermächtigungsgrundlage. Im Unterschied zu einem Staat fehlt der Union die sog. Kompetenz-Kompetenz.[14]

---

[11] Vgl. **Hemmer/Wüst, Europarecht, Rn. 172 ff.**

[12] Nur evtl. über die sog. „implied-powers-Lehre“ oder über Art. 352 AEUV.

[13] EuGH, Rs. 228 + 229/82, Ford, Tz. 24, Slg. 1984, 1129 (1162).

[14] S. oben Rn. 23.

C) Prinzip der Unionstreue

Inhalt des Prinzips

Mit der Gründung der Union haben die Mitgliedstaaten völkerrechtlich eine Einrichtung ins Leben gerufen, die **über die bloße formelle Vertragserfüllung** hinaus einer **Absicherung ihrer Funktionsfähigkeit** bedarf. Nach dem Prinzip der Unionstreue[15] obliegen den Mitgliedstaaten und den Unionsorganen deshalb gegenseitige **Pflichten zur loyalen Zusammenarbeit**, um die größtmögliche tatsächliche Wirksamkeit des Unionsrechts (effet utile) sicherzustellen. 35

Art. 4 III EUV

Das Prinzip der Unionstreue findet in **Art. 4 III EUV** seinen vertraglichen Niederschlag. Hiernach werden die Mitgliedstaaten zu loyaler Zusammenarbeit untereinander und gegenüber den Unionsorganen verpflichtet, um die Funktionsfähigkeit der Unionsrechtsordnung sicherzustellen. 36

ungeschriebener Grundsatz

Darüber hinaus kommt es als **ungeschriebener Grundsatz der loyalen Zusammenarbeit** zur Geltung und begründet entsprechende (über den Wortlaut des EUV hinausgehende) Pflichten für die Unionsorgane gegenüber den Mitgliedstaaten.

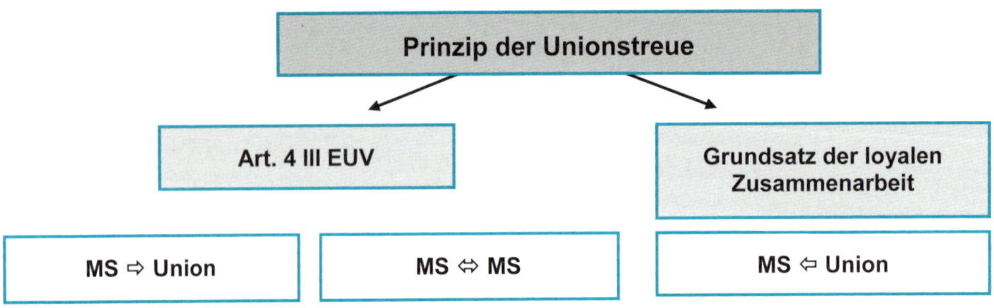

1. Pflichten der Mitgliedstaaten gegenüber der Union 37

- Gebot der Rücksichtnahme, insbesondere Pflicht zur Rücksichtnahme bei nationalen Rechtsetzungsvorhaben auf Rechtsetzungsprojekte der Union[16]

- Pflicht zur Auslegung des nationalen Rechts im Lichte des anzuwendenden Unionsrechts;[17] bei einer Richtlinie besteht diese Pflicht aber erst nach Ablauf der Umsetzungsfrist[18]

15 Entwickelt aus dem deutschen Grundsatz der Bundestreue.

16 GA Reischl, Schlussanträge, Rs. 141/78, Frankreich/VK, Slg. 1979, 2923 - 2924 (2951) = jurisbyhemmer.

17 EuGH, Urt. v. 28.04.1977, Rs. 71/76, Thieffry, Slg. 1977, 765 (777 f.).

18 EuGH, Adeneler, NJW 2006, 2465 - 2468.

- Pflicht zur Aufhebung unionswidrigen nationalen Rechts[19]

- Pflicht zum Schutz unionsrechtlicher Positionen, die dem einzelnen Wirtschaftsteilnehmer zugutekommen, durch die nationalen Gerichte[20]

2. Pflichten zwischen den Mitgliedstaaten:

- Pflicht zur Zusammenarbeit der Behörden bei der Verwirklichung unionsrechtlicher Positionen[21]

- Pflicht zu gegenseitiger Diplomanerkennung[22]

3. Pflichten der Union gegenüber den Mitgliedstaaten:

- Pflicht der Kommission zur Rechtshilfe und sonstigen Unterstützung bei Schwierigkeiten oder Unklarheiten, insbesondere, wenn nationale Stellen Verstöße gegen das Unionsrecht verfolgen[23]

- Gebot der Rücksichtnahme,[24] insbesondere Pflicht zur Rücksichtnahme auf Verfassungsprinzipien und elementare Interessen der Mitgliedstaaten[25] sowie auf völkerrechtliche Pflichten der Mitgliedstaaten

D) Prinzip des institutionellen Gleichgewichts

Verhältnis zwischen den Unionsorganen

Das Prinzip des institutionellen Gleichgewichts betrifft das Verhältnis der Unionsorgane untereinander. Es stellt somit die logische Ergänzung zum Prinzip der Unionstreue dar, das diese Beziehungsebene gerade nicht erfasst. 38

Inhalt des Prinzips

Dieses Prinzip verpflichtet die Organe zu **loyalem Zusammenwirken**.[26] Jedes Organ hat die Befugnisse der anderen Organe zu achten.[27] Umgekehrt hat aber jedes Organ auch seine eigenen Befugnisse voll auszuschöpfen.

---

19 EuGH, Urt. v. 26.04.1988, Rs. 74/86, Kommission/Deutschland, Slg. 1988, 2139 (2148 f.); EuGH, Urt. v. 24.03.1988, Rs. 104/86, Kommission/Italien, Slg. 1988, 1799 (1816).

20 EuGH, Urt. v. 16.12.1976, Rs. 33/76, Rewe, Slg. 1976, 1989 (1998).

21 EuGH, Urt. v. 11.06.1991, Rs. C-251/89, Athanasopoulos, Slg. 1991, I-2797 - 2850 (I-2848).

22 EuGH, Urt. v. 07.05.1991, Rs. C-340/89, Vlassopoulou, Slg. 1991, I-2357 (I-2384 ff.).

23 EuGH, Urt. v. 15.01.1986, Rs. 52/84, Kommission/Belgien, Slg. 1986, 89 - 106 (105).

24 EuGH, 02.02.1989, Rs. 94/87, Kommission/Deutschland, Slg. 1989, 175 - 193 (191 f.).

25 BVerfGE 89, 155 - 213 (174) = **juris**byhemmer.

26 EuGH, Urt. v. 03.07.86, Rs. 34/86, Rat/EP, Slg. 1986, 2155 - 2214 (2212).

27 EuGH, Urt. v. 29.10.1980, Rs. 138/79, Roquette Frères, Tz. 33, Slg. 1980, 3333 - 3391 (3360).

⇨ Klageberechtigung

Das institutionelle Gleichgewicht wäre gefährdet, wenn Verstöße dagegen nicht gerichtlich geahndet werden könnten. Den Organen steht hierzu die Klagemöglichkeit des Art. 263 AEUV offen.[28]

E) Subsidiaritätsprinzip

Inhalt des Prinzips

39 Gemäß Art. 5 I, III EUV wird die Union **in den Bereichen, die nicht in ihre ausschließliche Zuständigkeit** nach Art. 3 AEUV fallen, nur tätig, sofern und soweit die Ziele der in Betracht gezogenen Maßnahmen auf Ebene der Mitgliedstaaten nicht ausreichend erreicht werden können (**Erforderlichkeitskriterium - negative Voraussetzung**) und daher wegen ihres Umfangs oder ihrer Wirkungen besser auf Unionsebene erreicht werden (**Effizienzkriterium - positive Voraussetzung**).

spezielle Kompetenzausübungsregel

Das Subsidiaritätsprinzip normiert eine spezielle Kompetenz**ausübung**sregel für die Tätigkeit der Union **im Bereich konkurrierender (= geteilter) Zuständigkeit** nach Art. 4 AEUV.[29] Es begründet nicht etwa neue Handlungsmöglichkeiten der Union, sondern begrenzt bereits vorhandene Kompetenzen.

Die Union **darf**, auch wenn dies eine Ermächtigungsgrundlage grundsätzlich zu erlauben scheint, dann **nicht handeln**, **wenn** die Ziele der in Betracht gezogenen Maßnahme

- von den Mitgliedstaaten ausreichend **oder**
- zumindest genauso gut wie von der Union erreicht werden können.

F) Verhältnismäßigkeitsprinzip

I. Allgemeines

Inhalt des Prinzips

40 Alle hoheitlichen Handlungen im Bereich des Unionsrechts müssen zur Erreichung der zulässigerweise damit verfolgten Ziele geeignet und erforderlich sein.

Dabei ist, wenn mehrere geeignete Maßnahmen zur Auswahl stehen, die am wenigsten belastende zu wählen; ferner müssen die auferlegten Belastungen in angemessenem Verhältnis zu den angestrebten Zielen stehen.[30]

---

28 Ausführlich unten Rn. 147 ff.

29 Siehe Rn. 106 ff.

30 Vgl. EuGH, Urt. v. 11.07.1989, Rs. 265/87, Schräder, Slg. 1989, 2237 - 2273 (2269).

Hintergrund der Entwicklung dieses Prinzips ist das deutsche Recht. Es darf aber nicht in allen Details als mit dem deutschen Grundsatz inhaltsgleich verstanden werden. Außerdem wird es meist weniger streng gehandhabt (vgl. auch Rn. 46).

Rechtsquelle

Das Verhältnismäßigkeitsprinzip ist ein **allgemeiner Rechtsgrundsatz** des Unionsrechts, der nunmehr in Art. 5 IV EUV seinen Niederschlag gefunden hat. 41

allgemeine Kompetenzausübungsregel

Es ist eine allgemeine Kompetenzausübungsregel, vgl. auch Art. 5 III UA 2 EUV. Es bindet zum einen die Unionsorgane, und zwar sowohl bei Maßnahmen gegenüber Privaten wie auch gegenüber den Mitgliedstaaten. Zum anderen ist es auch von den Mitgliedstaaten selbst zu beachten, wenn diese im Anwendungsbereich des Unionsrechts tätig werden.[31] 42

für gesamtes hoheitliches Handeln

Es ist auf **sämtliche Formen hoheitlichen Handelns**, Belastungen wie Begünstigungen, Einzelmaßnahmen wie Normen,[32] anzuwenden.

unterschiedliche Prüfungsdichte

Bei Regelungen, die eine Vielzahl von Sachverhalten erfassen, erfolgt lediglich eine abstrakt-generelle Prüfung. Je mehr sich jedoch die Regelung einer Einzelfallregelung nähert, desto konkreter ist der gebotene Prüfungsmaßstab.[33] Zudem ist stets auch der Gestaltungsspielraum des jeweiligen Hoheitsträgers zu berücksichtigen.

II. Die Prüfung des Verhältnismäßigkeitsprinzips

1. Eine **Maßnahme muss geeignet sein, die Verwirklichung des mit ihr verfolgten Zieles zu gewährleisten.** 43

Geeignetheit als Ziel-Mittel-Relation

Im Unterschied zum deutschen Recht spricht der EuGH von der Gewährleistung bzw. Erreichung, nicht nur von Beförderung des Zieles. Diese Voraussetzung verbietet also jedes Zuwenig hinsichtlich des verfolgten Zieles.

Erforderlichkeit als Ziel-Mittel-Relation

2. Eine **Maßnahme darf nicht über das hinausgehen, was zur Erreichung dieses Zieles erforderlich ist.** Dies ist ein Übermaßverbot hinsichtlich des Zieles. Diese Voraussetzung verbietet also jedes Zuviel hinsichtlich des verfolgten Zieles. 44

Erforderlichkeit als Mittel-Mittel-Relation

3. Besteht die **Wahl zwischen verschiedenen zur Erreichung desselben Ziels geeigneten Mitteln, so ist das Mittel zu wählen, welches das betroffene Rechtsgut am wenigsten beeinträchtigt.** Hier erfolgt die auch im deutschen Recht übliche Prognose des milderen Mittels. 45

---

[31] V.a. im mitgliedstaatlichen Vollzug, siehe Rn. 125 ff.

[32] EuGH, Urt. v. 21.09.1989, verb. Rs. 46/87 und 227/88, Hoechst, Slg. 1989, 2859 - 2935 (2934).

[33] Vgl. EuGH, Urt. v. 18.03.1980, verb. Rs. 154/78 u.a., Valsabbia, Slg. 1980, 907 - 1982 (1017 f.).

Teilweise stellt der EuGH diese Prüfung terminologisch **neben** das Verhältnismäßigkeitsprinzip.

Angemessenheit als Ziel-Eingriffs-Relation

4. Die mit der **Maßnahme verbundenen beschränkenden Wirkungen müssen im Hinblick auf das angestrebte Ziel angemessen sein.** Der EuGH führt hier allenfalls eine „Globalabwägung“ durch. Die Prüfung reduziert sich zumeist auf die Wesensgehaltsgarantie der betroffenen Rechtsgüter. Nach allgemeiner Auffassung müssen Maßnahmen nicht unbedingt ein optimales Verhältnis herstellen, sondern nur Missverhältnisse vermeiden. 46

hemmer-Methode: Die Angemessenheitsprüfung des EuGH bleibt in ihrer Intensität regelmäßig deutlich hinter vergleichbaren Entscheidungen des BVerfG zurück. Die Dogmatik des EuGH zum Verhältnismäßigkeitsprinzip ist dabei durchaus verwirrend. Reihenfolge und terminologische Zuordnungen der Prüfungsschritte, v.a. aber die Prüfungsintensität weichen wiederholt voneinander ab.

G) Allgemeiner Gleichheitssatz

Inhalt des Prinzips

Eng verknüpft mit dem Prinzip der Einheit der Rechtsordnung ist der allgemeine Gleichheitssatz. Er verbietet, **wesentlich Gleiches unterschiedlich und wesentlich Ungleiches gleich zu behandeln**. Entsprechende Eingriffe müssen objektiv gerechtfertigt sein. Er verbietet damit jede willkürliche Differenzierung und jede willkürliche Nivellierung. 47

Rechtsquelle

Er gilt im Unionsrecht als allgemeiner Rechtsgrundsatz, vgl. Art. 9 EUV. Daneben findet er seinen Niederschlag auch in einigen speziellen ausdrücklichen und impliziten Diskriminierungsverboten im EUV.

So finden sich

ausdrückliche Diskriminierungsverbote

- in Art. 18 AEUV das allgemeine Verbot der Diskriminierung aus Gründen der Staatsangehörigkeit bei grenzüberschreitenden Sachverhalten,[34]
- in Art. 110 AEUV das Verbot steuerlicher Diskriminierung aus Gründen der Herkunft von Waren und
- in Art. 157 AEUV das Verbot der Diskriminierung aus Gründen des Geschlechts hinsichtlich des Entgelts.

---

[34] In Extremfällen verzichtet der EuGH sogar auf das grenzüberschreitende Element, vgl. Große Kammer des EuGH, Urt. v. 08.03.2011, C-34/09, NJW 2011, 2033 - 2034 = **Life&Law 10/2011, 741 - 745** = **juris**byhemmer.

Grundfreiheiten

Auch die Grundfreiheiten beinhalten ein Diskriminierungsverbot. Sie verbieten es, grenzüberschreitende Vorgänge gegenüber gleichartigen innerstaatlichen Vorgängen ungerechtfertigt zu benachteiligen. Art. 18 AEUV ist zu diesen Verboten subsidiär.

Soweit das Unionsrecht bestimmte Differenzierungen, insbesondere bestimmte Differenzierungskriterien (Staatsangehörigkeit, Geschlecht) verbietet, bedarf jede Ungleichbehandlung einer Rechtfertigung unter Beachtung des Verhältnismäßigkeitsprinzips. 48

H) Grundrechte und Rechtsstaatsprinzipien

Rechtsquelle

Bis zum Inkrafttreten des Vertrags von Lissabon kann das EU-Recht keinen ausdrücklichen Grundrechtskatalog. Die Grundrechte waren aber schon immer als **allgemeine Rechtsgrundsätze** Bestandteil des Primärrechts anerkannt.[35] 49

Diese Grundrechtsbindung der Union ist in **Art. 6 III EUV** ausdrücklich genannt. Sie erstreckt sich auch auf die Unionsorgane und unterwirft diese insoweit auch der Rechtskontrolle durch den EuGH.

wertende Rechtsvergleichung

Inhalt und Umfang der Grundrechtsgewährleistungen werden im Wege **wertender Rechtsvergleichung** der Verfassungen der Mitgliedstaaten[36] ermittelt, Art. 6 III EUV. 50

Grundrechtscharta

Mit dem Vertrag von Lissabon ist die bis dahin nur unverbindliche Grundrechtscharta von Nizza rechtlich bindend geworden, vgl. Art. 6 I EUV. Der einzelne Bürger kann nun hieraus direkt Rechte ableiten. Großbritannien hat sich hiervon jedoch eine Ausnahme vorbehalten.

Die Grundrechtscharta gilt nach Art. 51 der Charta für alle Handlungen der Organe der EU sowie für Handlungen der Mitgliedstaaten bei der Durchführung von Unionsrecht.[37]

Indizwirkung der EMRK

Berücksichtigung findet zudem nach Art. 6 II EUV auch die EMRK, sofern die Union der EMRK wirksam beitreten sollte.

---

35 EuGH, Urt. v. 12.11.1969, Rs. 29/69, Stauder, Slg. 1969, 419.

36 EuGH, Urt. v. 13.12.1979, Rs. 44/79, Hauer, Slg. 1979, 3727 - 3765.

37 Fraglich ist allerdings, was unter „Durchführung von Unionsrecht" zu verstehen ist. Der EuGH legt dies sehr weit aus, während das BVerfG eine restriktive, enge Auslegung präferiert, vgl. EuGH, Rs. C-617/10 (Åkerberg Fransson), NVwZ 2013, 561, sowie BVerfG, Urteil vom 24.04.2013, 1 BvR 1215/07. Beide Entscheidungen in **Life&Law 07/2013**.

hemmer-Methode: Grundsätzlich würde ein Beitritt der Union zur EMRK deren unmittelbare Anwendung zur Folge haben. Art. 6 II EUV ist also eine weitere Neuerung des Lissabon-Vertrags, da die Union hierdurch selbst der EMRK beitreten kann. Der EuGH hat dem Beitritt jedoch bis auf weiteres einen Riegel vorgeschoben.[38] Daher bleibt es zunächst beim status quo, wonach die EMRK nur indirekt als Wertung herangezogen wird.[39]

Schranken

Die Grundrechte müssen sich „in die Struktur und Ziele der Union einfügen".[40] Deshalb sind die dem allgemeinen Wohl der Union dienenden Ziele als Schranken geeignet, Grundrechtseingriffe zu rechtfertigen.[41]

Schranken-Schranken

Allerdings dürfen die Grundrechte nicht grenzenlos eingeschränkt werden. So ist bei jedem Eingriff in Grundrechte das Verhältnismäßigkeitsprinzip[42] sowie die Wesensgehaltsgarantie zu beachten.[43]

Durch seine Rechtsprechung hat der EuGH in der Union einen **dem deutschen Verfassungsrecht vergleichbaren Grundrechtsschutzstandard** erreicht, der seit 1986 auch vom BVerfG anerkannt wird.[44] 51

Dieser dem Grundgesetz vergleichbare Grundrechtsschutz wird von Art. 23 I S. 1 und 3, 79 III GG gefordert. Ohne diesen wäre das BVerfG verpflichtet, an Stelle des EuGH den Grundrechtsschutz zu gewährleisten.[45]

Zu den vom EuGH in seiner bisherigen Rechtsprechung entwickelten Grundrechten gehören z.B.: 52

- Achtung des Familienlebens
- Achtung der Privatsphäre
- Berufsfreiheit
- Eigentumsschutz
- freie wirtschaftliche Betätigung

---

38 EuGH, Gutachten 2/13, EuGRZ 2015, 31: Das verhandelte Beitrittsabkommen sei mit europäischem Primärrecht unvereinbar.

39 EuGH, Urt. v. 17.12.1970, Rs. 11/70, Int. Handelsgesellschaft, Slg. 1970, 1125.

40 EuGH, Urt. v. 17.12.1970, Rs. 11/70, Int. Handelsgesellschaft, Slg. 1970, 1125.

41 EuGH, Urt. v. 14.05.1974, Rs. 4/73, Nold, Slg. 1974, 491.

42 EuGH, Urt. v. 13.12.1979, Rs. 44/79, Hauer, Slg. 1979, 3727 - 3765.

43 EuGH, Urt. v. 14.05.1974, Rs. 4/73, Nold, Slg. 1974, 491.

44 BVerfGE 73, 339 - 388 (386) „Solange II"; BVerfGE 89, 155 - 213 (174 f.) „Maastricht": **alle Entscheidungen = juris**byhemmer.

45 BVerfGE 89, 155 - 213 (175) „Maastricht" = **juris**byhemmer; ausführlich hierzu unten Rn. 61 ff.

- freier Zugang zur Beschäftigung
- Gleichheitssatz
- Meinungs- und Veröffentlichungsfreiheit
- Religionsfreiheit
- Unverletzlichkeit der Wohnung
- Vereinigungsfreiheit
- Akteneinsichtsrecht
- effektiver Rechtsschutz
- faires Verfahren
- Gesetzmäßigkeit der Verwaltung
- „Ne bis in idem“[46]
- rechtliches Gehör
- Rechtssicherheit
- Rückwirkungsverbot
- Schutz des guten Glaubens
- Schutz wohlerworbener Rechte
- Verhältnismäßigkeitsprinzip
- Vertrauensschutz
- Vertraulichkeit der Rechtsberatung

---

[46] EuGH, NJW 2003, 1173.

§ 4 DAS UNIONSRECHT

A) Allgemeines

I. Die Struktur des Unionsrechts

autonome Rechtsordnung

Das Unionsrecht bildet eine eigenständige, von den Rechtsord- 53
nungen der Mitgliedstaaten unabhängige Rechtsordnung. Es unterscheidet **zwei Ebenen**: das Primärrecht und das Sekundärrecht.

Primärrecht

Zum **Primärrecht** gehören als geschriebenes Recht die Gründungsverträge der Gemeinschaften bzw. nunmehr der Union samt ihrer Anhänge und Protokolle sowie die Verträge und Akte zu deren Änderung oder Ergänzung. Als ungeschriebenes Recht sind dieser Ebene aber auch das Gewohnheitsrecht und die allgemeinen Rechtsgrundsätze zuzuordnen.

Sekundärrecht

Das **Sekundärrecht** ist das von den Unionsorganen erlassene Recht. Art. 288 AEUV enthält einen Katalog möglicher Rechtsakte (Verordnungen, Richtlinien, Entscheidungen, Empfehlungen und Stellungnahmen). Sekundärrecht kann darüber hinaus auch als sog. ungekennzeichneter Rechtsakt ergehen.

allgemeines Völkerrecht

Ebenfalls „integrierender Bestandteil der Unionsrechtsordnung“ sind die von der Union abgeschlossenen völkerrechtlichen Verträge sowie das die Union bindende Völkergewohnheitsrecht, vgl. Art. 218 AEUV.[47] Sie stehen im Rang zwischen Primärrecht und Sekundärrecht.

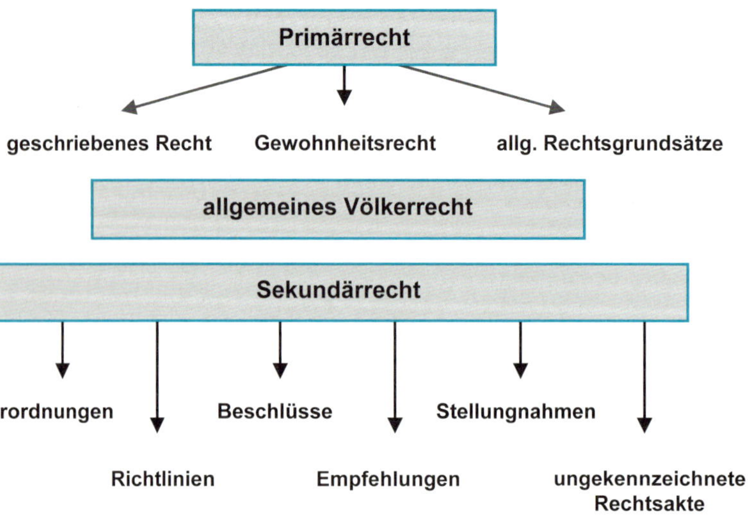

[47] EuGH, Urt. v. 16.06.1998, EuZW 1998, 694 - 698 = **juris**byhemmer.

II. Durchgriffswirkung des Unionsrechts

Geltungsraum

Im Unterschied zum gewöhnlichen Völkerrecht umfasst der Rechtsraum des Unionsrechts **auch den innerstaatlichen Bereich**. Subjekte des Unionsrechts sind also sowohl die Unionsorgane und die Mitgliedstaaten, als auch die innerstaatlichen Rechtsanwender und Rechtsunterworfenen.[48] Diese Eigenschaft wird auch mit dem Begriff der „Durchgriffswirkung" des Unionsrechts umschrieben. 54

Charakter (-)

1. Die Durchgriffswirkung ergibt sich **nicht schon aus dem Rechtscharakter** des EUV und AEUV als völkerrechtlichem Vertrag. Das Völkerrecht kennt nämlich keine dementsprechende allgemeingültige Regel. Es entfaltet seine Wirkungen vielmehr grundsätzlich **nur im zwischenstaatlichen Rechtsraum**, während der innerstaatliche Rechtsraum durch den sog. **Souveränitätspanzer** ausschließlich den Wirkungen der nationalen Rechtsordnung vorbehalten bleibt. 55

Inhalt (+)

2. Die Durchgriffswirkung auf den innerstaatlichen Rechtsraum erlangt das Völkerrecht deshalb nur aufgrund besonderer **Anordnung durch die betreffenden Staaten**. 56

Art. 52 EUV (-)

Eine ausdrückliche Anordnung bspw. durch ein Transformationsgesetz erfolgte zwar nicht. Insbesondere besagt Art. 52 EUV lediglich, dass das Unionsrecht **für die Mitgliedstaaten** gilt. Die Mitgliedstaaten werden als Völkerrechtssubjekte angesprochen und sind als solche Subjekte des Unionsrechts. Das entspricht aber gerade nur der herkömmlichen völkerrechtlichen Rechtsraumerstreckung.

Art. 20 AEUV(-)

Auch die Formulierung in Art. 20 II AEUV über die Verleihung von Rechten und Pflichten an die Unionsbürger geht nicht über völkerrechtlich übliche Formulierungen hinaus.

punktuell in Art. 288 AEUV und Art. 101 AEUV (+)

Allerdings beschreiben verschiedene Vertragsbestimmungen ausdrücklich **innerstaatliche Wirkungen des Unionsrechts**. Gemäß Art. 288 II AEUV gelten die Verordnungen in allen Mitgliedstaaten. Wettbewerbswidrige Vereinbarungen bzw. Beschlüsse sind gemäß Art. 101 II **nichtig**, womit eine innerstaatliche Rechtsfolge angeordnet wird.

generell in Art. 267 AEUV (+)

Indirekt ergibt sich zudem aus Art. 267 AEUV, dass die Mitgliedstaaten bei Abschluss des Vertrages davon ausgegangen sind, dass das gesamte Unionsrecht auch innerstaatliche Wirkungen entfalten kann.

---

[48] EuGH, Urt. v. 15.07.1964, Costa/ENEL, Slg. 1964, 1251 (1269).

Hiernach kann ein nationales Gericht Fragen zur Vereinbarkeit bzw. Gültigkeit sekundären und primären Unionsrechts dem EuGH zur Vorabentscheidung vorlegen, wenn sich diese Frage dem nationalen Gericht stellt und dieses **die Entscheidung darüber zum Erlass seines Urteils für erforderlich hält**.

Dies setzt aber voraus, dass das Unionsrecht überhaupt innerstaatlich wirkt, da es sonst nicht für die Urteilsfindung des nationalen Gerichts erheblich sein kann.

Exkurs: verfassungsrechtliche Sichtweise 57

besondere Anordnung notwendig

Auch aus der Sicht des deutschen Verfassungsrechts erlangt Völkerrecht innerstaatliche Relevanz erst durch entsprechende **besondere Anordnung**. Dies gilt auch für die Unionsverträge, denn eine - wie auch immer geartete - Ablösung des Unionsrechts von seiner völkerrechtlichen Entstehungsgrundlage hat nicht stattgefunden.

allg. VöR ⇨ Transformation

1. Das **Völkerrecht** erlangt innerstaatliche Relevanz erst durch seine **Transformation** in das deutsche Recht.[49]

Diese erfolgt für die allgemeinen Regeln des Völkerrechts generell durch Art. 25 GG (**generelle Transformation**).

Völkerrechtliche Verträge (auf Grundlage des Art. 32 I GG) werden dagegen jeweils gesondert transformiert (**spezielle Transformation**). Ist dafür ein Gesetz notwendig, erfolgt dies i.d.R. in demselben Gesetz, mit dem die innerstaatliche Zustimmung zum Vertrag gemäß Art. 59 II S. 1 GG erteilt wurde, dem Vertragsgesetz.

Doppelfunktion

Das Vertragsgesetz erfüllt also regelmäßig zwei Funktionen, die voneinander zu unterscheiden sind:

Ratifikationsermächtigung

Zum einen wird dem Vertragsschluss durch das Parlament zugestimmt und der Bundespräsident ermächtigt, die völkerrechtliche Ratifikation zu erklären (Ratifikationsermächtigung): *„Art. I. Der ... Konvention ... wird zugestimmt."*[50]

Transformation

Zum anderen wird in demselben Gesetz die auf diese Weise geschaffene neue Norm des Völkerrechts in eine Norm des deutschen Rechts umgewandelt (Transformation): *„Art. II. (1) Die Konvention ... wird nachstehend **mit Gesetzeskraft** veröffentlicht."*[51]

---

49 Sog. dualistische Konzeption; zur Erläuterung siehe Rn. 82 mit Fußnote.

50 Gesetz über die EMRK, BGBl. 1952 II S. 685.

51 Gesetz über die EMRK, BGBl. 1952 II S. 685.

UnionsR ⇨ keine Transformation

Mit den Vertragsgesetzen zu den EG-Verträgen erfolgte jedoch **keine Transformation** in das innerstaatliche Recht. Es erfolgte insoweit **lediglich die Ermächtigung zur Ratifikation** durch Zustimmung des Parlaments:

„Art. 1 Den ... Verträgen ... wird zugestimmt. Die Verträge ... werden nachstehend veröffentlicht.“[52]

UnionsR ⇨ Rechtsanwendungsbefehl

2. Für das vertraglich geschaffene Unionsrecht wurde stattdessen mit der Zustimmung zum Vertrag zugleich ein **Rechtsanwendungsbefehl** für den innerstaatlichen Rechtsraum erteilt. Es wurde damit angeordnet, dass das Unionsrecht als solches innerstaatlich zu vollziehen ist.

EGL = Art. 23 I S. 2 GG

Die verfassungsrechtliche Ermächtigung dazu findet sich in Art. 23 I S. 2 GG[53], wonach auf die EU Hoheitsrechte übertragen werden dürfen.

Diese Norm besagt nicht nur, „dass die Übertragung von Hoheitsrechten auf zwischenstaatliche Einrichtungen überhaupt zulässig ist, sondern auch, dass die Hoheitsakte ihrer Organe ... vom ursprünglich ausschließlichen Hoheitsträger anzuerkennen sind.“[54]

Sie öffnet somit „die deutsche Rechtsordnung derart, dass der ausschließliche Herrschaftsanspruch der Bundesrepublik Deutschland zurückgenommen und der unmittelbaren Geltung und Anwendung eines Rechts aus anderer Quelle innerhalb des staatlichen Herrschaftsbereiches Raum gelassen wird”.[55]

Übertragung von Hoheitsrechten

„Übertragung von Hoheitsrechten“ ist ein zweispuriger Vorgang:

Kreation und Verzicht

1. Die Bundesrepublik **schafft** zusammen mit anderen Staaten einen neuen Träger von Hoheitsgewalt.
2. Zugleich **verzichtet** die Bundesrepublik im selben Umfang auf die Ausübung ihrer eigenen (immer noch vorhandenen) Hoheitsgewalt.

Während völkerrechtliche Verträge auf Grundlage des Art. 32 GG für innerstaatliche Wirkungen der gesonderten Transformation bedürfen, entfalten Verträge auf Grundlage des insoweit spezielleren Art. 23 GG diese Durchgriffswirkung auch ohne gesonderte Transformation, soweit mit ihnen Hoheitsrechte übertragen werden.

---

52 Gesetz zu den Verträgen vom 25. März 1957, BGBl. 1957 II S. 753.

53 Vor Einführung des Art. 23 GG: Art. 24 I GG.

54 BVerfGE 31, 145 (174) = **juris**byhemmer.

55 BVerfGE 37, 271 - 305 (280) „Solange I“ = **juris**byhemmer.

hemmer-Methode: Der Ansatz des BVerfG, die unmittelbare Wirkung mit der Kompetenzübertragung nach Art. 23 I S. 2 GG zu erklären, impliziert auch die Grenzen der unmittelbaren Wirkung des Europarechts: Diese ist nur soweit denkbar, wie eine Kompetenzübertragung möglich ist, also nur in den Schranken der Art. 23 I S. 3, 79 III GG![56]

Exkurs Ende!

III. Unmittelbare Wirkungen des Unionsrechts

unmittelbare Wirkungen

Soweit die innerstaatlichen Rechtsanwender und Rechtsunterworfenen zu Adressaten werden, spricht man auch von den **unmittelbaren Wirkungen** des Unionsrechts.[57] Das Unionsrecht kennt zwei Ausprägungen der unmittelbaren Wirkungen: die unmittelbare Anwendbarkeit durch innerstaatliche Rechtsanwender (**objektiv-rechtliche Wirkung**) und die individuelle Einklagbarkeit/Einwendbarkeit durch Private (**subjektiv-rechtliche Wirkung**). 58

1. Objektiv-rechtliche Wirkung

Voraussetzung für die **unmittelbare Anwendbarkeit** einer Norm des Unionsrechts durch den innerstaatlichen Rechtsanwender ist ihre **Vollzugsfähigkeit** (sog. self-executing-Norm). Das bedeutet, sie muss 59

- rechtlich vollkommen sowie
- hinreichend genau und unbedingt sein.

rechtlich vollkommen

Rechtlich vollkommen ist eine Norm, wenn ihre Anwendung durch innerstaatliche Rechtsanwender keine weiteren Maßnahmen der Unionsorgane oder der Mitgliedstaaten voraussetzt und auch keine solchen vorgesehen sind.

hinreichend genau

Hinreichend genau ist eine Norm, wenn Tatbestand und Rechtsfolge - evtl. im Wege der Auslegung - eindeutig bestimmt werden können. Insbesondere darf bei der Erfüllung der Norm kein Ermessensspielraum belassen worden sein.

unbedingt

Unbedingt ist eine Norm, wenn der Eintritt der angeordneten Rechtsfolge von keinem weiteren Bedingungseintritt abhängig ist.

---

[56] Ausführlich Rn. 64.

[57] Die Terminologie ist allerdings in Literatur wie Rspr. nicht einheitlich. Teilweise wird synonym auch von unmittelbarer Geltung gesprochen.

hemmer-Methode: Diese objektiv-rechtliche unmittelbare Wirkung des Unionsrechts führt dazu, dass entgegenstehendes nationales Recht unanwendbar ist.[58]

2. Subjektiv-rechtliche Wirkung

Begünstigung des Einzelnen

Voraussetzung subjektiv-rechtlicher Wirkungen einer Norm ist, dass sie über ihre bloße Vollzugsfähigkeit hinaus darauf abzielt, den Einzelnen zu begünstigen. 60

Der EuGH formuliert zum Teil, dass sich der Einzelne unter diesen Umständen auf eine Norm **berufen** könne. Zum Teil spricht er auch von **subjektiven Rechten**. In der Sache geht es jedoch um einen von Amts wegen zu berücksichtigenden Anspruch des Einzelnen auf die Einhaltung objektiven Rechts.

„Solche Rechte entstehen nicht nur, wenn der Vertrag dies ausdrücklich bestimmt, sondern **auch auf Grund von eindeutigen Verpflichtungen**, die der Vertrag den Einzelnen wie auch den Mitgliedstaaten und den Organen der Union auferlegt."[59]

Hinsichtlich der unmittelbaren subjektiv-rechtlichen Wirkung orientiert sich der EuGH nicht am deutschen Rechtsinstitut des subjektiv-öffentlichen Rechts. Er folgt eher dem Modell der französischen Invocabilité. Eine gezielte Begünstigung des Einzelnen ist nicht erforderlich. Es reicht bereits ein reflexartiger Schutz von Individualinteressen durch die Unionsnorm. Die Anforderungen an den Individualschutzcharakter einer Norm sind im Unionsrecht also niedriger als im deutschen Verwaltungsrecht.

hemmer-Methode: Da die subjektiv-rechtliche Wirkung eine Verbesserung der Rechtsstellung des Einzelnen voraussetzt, ist sie eigentlich zwischen zwei Privaten ausgeschlossen, da sie hier immer mit der Verschlechterung der Rechtsstellung des einen einhergehen würde (keine sog. horizontale Wirkung).
Allerdings hat der EuGH diesen Grundsatz mittlerweile zumindest im Bereich der Art. 45, 157 AEUV aufgegeben.

3. Beispielsfall zur unmittelbaren Anwendbarkeit des primären Unionsrechts

Fall: *Die niederländische Transportfirma van Gend & Loos führte aus der Bundesrepublik Harnstoff-Formaldehyd in die Niederlande ein. Bei der Einfuhr erhob die niederländische Finanzverwaltung darauf einen Wertzoll von 8 % gemäß dem niederländischen Zollrecht.*

---

58 Siehe unten Rn. 62 ff.

59 EuGH, Urt. v. 05.02.1963, Rs.26/62, van Gend & Loos, Tz. 10, Slg. 1963, 1 (24 f.).

Nach einer erfolglosen Beschwerde gegen den Zollbescheid bei der Finanzverwaltung erhob van Gend & Loos Klage. Das Unternehmen machte geltend, dass die niederländische Zollregelung nicht mit Art. 12 EWGV (jetzt Art. 30 AEUV) vereinbar sei. Die niederländische Regierung wandte dagegen ein, dass Art. 12 EWGV aus verfassungsrechtlichen und völkerrechtlichen Gründen keine unmittelbare Wirkung habe.

Das Gericht setzte das Verfahren aus und legte dem EuGH gem. Art. 177 EWGV (jetzt Art. 267 AEUV) u.a. die Frage vor, ob Art. 12 EWGV in dem Sinne unmittelbare Wirkung im innerstaatlichen Recht habe, dass der Einzelne aus diesem Artikel Rechte herleiten könne, die vom nationalen Richter zu beachten seien. Der EuGH bejahte dies.[60]

Die Frage, ob Vorschriften eines völkerrechtlichen Vertrags im innerstaatlichen Recht unmittelbare Wirkung haben, beurteilt sich nach Geist, Systematik und Wortlaut dieser Vorschriften.

Durch den AEU-Vertrag soll ein gemeinsamer Markt geschaffen werden, dessen Funktionieren den einzelnen Unionsangehörigen unmittelbar betrifft. Demnach ist dieser Vertrag mehr als ein Abkommen, das nur wechselseitige Verpflichtungen zwischen den Vertrag schließenden Staaten begründet. Er stellt eine neue Rechtsordnung des Völkerrechts dar, deren Rechtssubjekte nicht nur die Mitgliedstaaten, sondern auch die Einzelnen sind.

Art. 12 EWGV begründet seinem Wortlaut nach eine klare und uneingeschränkte Verpflichtung für die Mitgliedstaaten, Ein- und Ausfuhrzölle oder Abgaben gleicher Wirkung nicht zu erheben. Diese Verpflichtung ist mit keinem Vorbehalt versehen, der ihre Erfüllung von einem staatlichen Rechtssetzungsakt abhängig machen würde.

Art. 12 EWGV ist daher unmittelbar anwendbar.

IV. Verhältnis des Unionsrechts zum nationalen Recht aus Sicht des EuGH

Kollisionsregel notw.

Da im innerstaatlichen Rechtsraum sowohl das nationale Recht als auch das Unionsrecht Wirkungen entfalten, kann es zu widersprüchlichen Anordnungen der beiden Rechtsordnungen kommen, die einer Kollisionsregel bedürfen. **61**

[60] EuGH, Urt. v. 05.02.1963, Rs.26/62, van Gend & Loos, Tz. 10, Slg. 1963, 1.

1. Quelle und Inhalt der Kollisionsregel

Eine **ausdrückliche Regelung** (wie z.B. Art. 31 GG) gibt es im EG-Vertrag nicht. Und auch ein Rückgriff auf herkömmliche **völkerrechtliche Regeln** scheidet aus, da das „übliche Völkerrecht" diesen Kollisionsfall (Aufeinandertreffen widersprüchlicher Regeln im innerstaatlichen Rechtsraum) ja gerade nicht kennt. 62

Vorrang des UnionsR

Es gibt jedoch eine **ungeschriebene Regel des Primärrechts**, wonach im Kollisionsfall das Unionsrecht **Vorrang** genießt.[61] Dieses Ergebnis leitet sich aus dem Charakter des Unionsrechts und den Grundlagen der Union ab, insbes. auch aus dem Grundsatz des effet utile.

Einheit der Rechtsordnung

a) Das Unionsrecht hat die **Aufgabe, die Funktionsfähigkeit der Union zu sichern.** Diese kann nur gewährleistet werden, wenn alle gleichartigen Adressaten der Rechtsordnung in gleicher Weise dem Recht unterworfen werden.

Diese Gleichheit wäre nun nicht mehr gewährleistet, wenn das Unionsrecht von Mitgliedstaat zu Mitgliedstaat je nach der zufälligen innerstaatlichen Rechtslage unterschiedliche Wirkung entfalten würde. Die einheitliche Anwendung des Unionsrechts setzt also voraus, dass es sich in allen fünfzehn innerstaatlichen Rechtsräumen gegenüber dem jeweils entgegenstehenden nationalen Recht durchsetzt.

Verbindlichkeit des UnionsR

b) Zudem würde es die **Verbindlichkeit des Unionsrechts** aufheben, wenn nationales Recht, das frei durch die Mitgliedstaaten gesetzt werden kann, stets entgegenstehendes Unionsrecht verdrängen würde. Dies wäre mit Art. 291 I AEUV (früher: Art. 10 EG) nicht in Einklang zu bringen.

2. Charakter und Umfang des Vorrangs

genereller Vorrang

Es handelt sich um einen **generellen** Vorrang: Jegliches Unionsrecht hat Vorrang vor jeglichem nationalen Recht.[62] 63

Geltungsvorrang (-)

a) Denkbar wäre zwar ein normenhierarchischer **Geltungsvorrang** (vgl. Art. 31 GG): Unionsrecht bricht nationales Recht, unionsrechtswidriges nationales Recht wäre dann **nichtig**.

Eine Normenhierarchie besteht jedoch nur **innerhalb** einer Rechtsordnung. Unionsrecht und nationales Recht bilden aber zwei nebeneinander stehende Rechtsordnungen.

---

61 EuGH, Urt. v. 15.07.1964, Rs. 6/64, Costa/ENEL, Tz. 12, NJW 1964, 2371 = **juris**byhemmer.

62 EuGH, Urt. v. 15.07.1964, Rs. 6/64, Costa/ENEL, Tz. 12, NJW 1964, 2371 = **juris**byhemmer; EuGH, Urt. v. 17.12.1970, Rs. 11/70, Internationale Handelsgesellschaft, Tz. 3, Slg. 1970, 1125.

Anwendungsvorrang

(+)

b) Es handelt sich deshalb lediglich um einen **Anwendungsvorrang**: Unionsrecht ist gegenüber entgegenstehendem nationalen Recht vorrangig anzuwenden. Unionsrechtswidriges nationales Recht ist **unanwendbar**, aber nicht nichtig, d.h. es ist nur im konkreten Kollisionsfall nicht anzuwenden, auf sonstige - rein nationale - Sachverhalte aber schon.

***Bsp.:** Die Alcan Deutschland GmbH erhielt eine Subvention, die ihr vom Land Rheinland-Pfalz zum Ausgleich von Stromkosten angeboten worden war. Dem Unternehmen war bekannt, dass die Kommission nicht über die Beihilfe unterrichtet worden war. Als die Kommission von der Gewährung der Subvention erfuhr, richtete sie an die Bundesrepublik Deutschland eine Entscheidung, in der sie die Rückforderung der Beihilfe anordnete. Zur Begründung führte sie an, dass die Gewährung der Beihilfe gegen Art. 92 EGV (jetzt Art. 107 AEUV) und Art. 93 III EGV (jetzt Art. 108 III AEUV) verstoße.*

Als die Bundesrepublik der Entscheidung nicht nachkam, erhob sie gemäß Art. 93 II EGV Klage zum EuGH. Der EuGH stellte eine Vertragsverletzung fest. Daraufhin erließ das Land einen Rückforderungsbescheid. Gegen diesen Bescheid erhob Alcan Anfechtungsklage zum zuständigen VG, das der Klage stattgab. Die Berufung des Landes vor dem OVG war erfolglos. In dem sich anschließenden Revisionsverfahren legte das BVerwG dem EuGH mehrere Fragen zu dem Problem vor, ob eine unionsrechtswidrige nationale Beihilfe auch dann zurückzufordern sei, wenn eine den Beihilfeempfänger schützende nationale Regelung entgegenstehe.[63]

Die Rückforderung der Beihilfe erfolgt nach nationalem Recht. Jedoch darf dies die unionsrechtlich vorgeschriebene Rückforderung nicht praktisch unmöglich machen.

Es widerspricht nicht der Unionsrechtsordnung, wenn das für die Rückforderung maßgebliche nationale Recht das berechtigte Vertrauen schützt. Jedoch darf ein Begünstigter auf die Ordnungsgemäßheit einer Beihilfe grundsätzlich nur dann vertrauen, wenn diese unter Beachtung des in Art. 93 EGV vorgeschriebenen Verfahrens gewährt worden ist.

Fraglich ist weiterhin, ob die Subvention auch dann zurückgefordert werden kann, wenn die nach nationalem Recht bestehende Ausschlussfrist für die Rückforderung verstrichen ist. Hierzu ist zu bemerken, dass die nationalen Behörden über kein Rücknahmeermessen verfügen, wenn die Kommission durch eine Entscheidung die Rückforderung einer Subvention anordnet, die mit dem Gemeinsamen Markt i.S.d. Art. 92 EGV unvereinbar ist.

---

63 EuGH, Alcan, Slg. 1997, I-1591 - 1625.

Lässt die nationale Behörde die Ausschlussfrist für die Rücknahme verstreichen, so ist der Begünstigte gleichwohl nicht mehr im Ungewissen bezüglich der Rückforderung, wenn eine entsprechende Entscheidung der Kommission ergangen ist. Der Grundsatz der Rechtssicherheit kann daher nicht die Anwendung einer nationalen Ausschlussfrist rechtfertigen.

Ferner wird gefragt, ob die Rücknahme einer rechtswidrig gewährten staatlichen Subvention selbst dann zu erfolgen hat, wenn die zuständige Behörde für die rechtswidrige Gewährung in einem solchen Maß verantwortlich ist, dass eine Rücknahme als Verstoß gegen Treu und Glauben erscheint. Diese Frage ist zu bejahen, da der Beihilfeempfänger, der weiß, dass bei der Beihilfebewilligung das Verfahren des Art. 93 EGV nicht durchgeführt wurde, kein berechtigtes Vertrauen in die Ordnungsgemäßheit der Beihilfegewährung geltend machen kann. Die Verpflichtung des Begünstigten, sich zu vergewissern, ob das nach dem EGV vorgeschriebene Verfahren eingehalten wurde, besteht nämlich unabhängig vom Verhalten der Behörde.

Die gleichen Erwägungen gelten für den Einwand des Wegfalls der Bereicherung.

hemmer-Methode: Diese Vorgaben des EuGH haben das BVerwG sowie das BVerfG in der Alcan-Rechtsprechung „umgesetzt".[64] Nationale Behörden sind verpflichtet, europarechtswidrige Subventionsbescheid zurücknehmen, § 48 VwVfG.
Der Begünstigte kann sich i.d.R. weder auf Vertrauensschutz, § 48 II VwVfG, noch auf den Ablauf der Rücknahmefrist, § 48 IV VwVfG, berufen, da andernfalls entgegen Art. 291 I AEUV die Verletzung der Art. 107 f. AEUV weitgehend leerliefe.

Exkurs: verfassungsrechtliche Sichtweise

Grds.: Vorrang des Unionsrechts

Das BVerfG akzeptiert die Kollisionsregel vom Anwendungsvorrang des Unionsrechts als eine **unmittelbar anwendbare Norm des primären Unionsrechts**. Mit dem Rechtsanwendungsbefehl durch die Vertragsgesetze nach Art. 23 I S. 2 GG wurde auch der vorrangige Vollzug dieser Kollisionsregel angeordnet.[65] 64

Die Übertragung der Hoheitsgewalt wird also durch das Vertragsgesetz bewirkt. Hieraus ergeben sich auch die Schranken des Anwendungsvorrangs des Unionsrechts.

---

64 BVerwG, NJW 1998, 3728 - 3731 = jurisbyhemmer; BVerfG, NJW 2000, 2015 - 2016 = jurisbyhemmer.

65 BVerfGE 75, 223 - 246 (6. LS), m.V.a. BVerfGE 31, 145 (173 ff.) = jurisbyhemmer.

So kann Unionsrecht keine Anwendung finden, wenn es von dieser Kompetenzübertragung nicht mehr gedeckt ist (sog. ultra-vires-Kontrolle). Dies ist der Fall, wenn sekundäres Unionsrecht nicht von einer Ermächtigungsgrundlage im EUV oder AEUV getragen wird.

hemmer-Methode: Die Union hat eben gerade keine Kompetenz-Kompetenz und darf sekundäres Unionsrecht damit immer nur dort erlassen, wo ihr von den Mitgliedstaaten eine Kompetenz übertragen wurde. Art. 23 I S. 2 GG ist damit das Pendant zum Prinzip der begrenzten Einzelermächtigung nach Art. 5 I, II EUV.

Grenze des Art. 23 I S. 3 GG

Darüber hinaus unterliegt die Kompetenzübertragung nach Art. 23 I S. 2 GG ihrerseits den Grenzen des Art. 79 III GG, worauf Art. 23 I S. 3 GG ausdrücklich hinweist. Der Verzicht auf die Ausübung eigener Hoheitsgewalt kann also nicht über diese Grenzen hinausgehen, sodass insoweit kein Anwendungsvorrang mehr besteht, sog. **Identitätskontrolle.**[66] Die Rechtsprechung des BVerfG geht in diesem Punkt also nicht mit der des EuGH konform, der den Anwendungsvorrang als absolut ansieht.[67]

primäres Unionsrecht ggf. nicht wirksam

Primäres Unionsrecht, das gegen die in Art. 79 III, 1 und 20 GG absolut geschützten Verfassungswerte verstößt, ist also nach dem BVerfG überhaupt nicht wirksam zustande gekommen und kann damit nicht vorrangig sein.

sekundäres Unionsrecht nicht anwendbar

Sekundäres Unionsrecht, das gegen die in Art. 79 III, 1 und 20 GG absolut geschützten Verfassungswerte verstößt, kann nicht von einem wirksamen Anwendungsbefehl gedeckt sein und muss damit zwingend „ultra-vires“ sein. Es ist dann in Deutschland nicht anwendbar.[68]

hemmer-Methode: Das Europarecht untersteht damit grds. der Kontrolle des BVerfG. Geht es um das primäre Unionsrecht, wird dieses allerdings nicht originär vom BVerfG überprüft. Ausgangspunkt eines Verfahrens ist dann vielmehr die abstrakte Normenkontrolle, Art. 93 I Nr. 2 GG, oder eine Verfassungsbeschwerde gegen das entsprechende Zustimmungsgesetz des deutschen Bundestages.
Dabei ist die Besonderheit zu beachten, dass dieses Gesetz schon vor der Ausfertigung durch den Bundespräsidenten, Art. 82 GG, also gleichsam präventiv kontrolliert wird, da mit Ausfertigung der völkerrechtliche Vertrag wirksam würde und eine spätere Kontrolle durch das BVerfG keinen Sinn mehr machen würde.[69]

66 Erstmals aktiviert durch BVerfG, Beschluss vom 26.01.2016, 2 BvR 2735/14.

67 Solange-Rspr. u. Maastricht-Entscheidung BVerfGE 31, 145 (174); BVerfGE 37, 271 - 305 (280); BVerfGE 75, 223 - 246; BVerfG, NJW 2009, 2267 - 2295 = **Life&Law 09/2009, 618 – 632**: **alle Entscheidungen** = **juris**byhemmer.

68 BVerfG, Beschluss vom 14.01.2014 2 BvR 2728/13 u.a. = **Life&Law 04/2014** = **juris**byhemmer.

69 BVerfG, NJW 2009, 2267 - 2295 = **Life&Law 09/2009, 618 - 632** = **juris**byhemmer.

Anders beim sekundären Unionsrecht: Dieses kann v.a. durch eine Richtervorlage nach Art. 100 I GG unmittelbar zum Verfahrensgegenstand werden. Allerdings beschränkte das BVerfG die eigentlich gegebene Zulässigkeit solcher Verfahren bislang durch seine sog. Solange-Rechtsprechung: Solange der EuGH weiter einen ausreichenden Grundrechtsschutz gewährleistet, solange wird das BVerfG in einem Kooperationsverhältnis zum EuGH seine Kompetenzen nicht wahrnehmen.[70]

Ob das BVerfG an dieser Rechtsprechung festhält oder ob künftig sekundäres Unionsrecht uneingeschränkt vom BVerfG überprüft wird, war infolge der Lissabon-Entscheidung unklar. Das BVerfG betont hier einerseits sein Recht, Unionsrecht einer ultra-vires-Kontrolle zu unterziehen. Dies ist im Hinblick auf das Verhältnis zum EuGH brisant: Das BVerfG prüft damit, ob sekundäres Unionsrecht von der Ermächtigungsgrundlage im EUV/AEUV und damit von einer Kompetenzübertragung gedeckt ist. Dies sind aber Fragen, die eigentlich vorrangig bzw. aus seiner Sicht allein der EuGH zu klären hat. Andererseits wird in der Lissabon-Entscheidung mehrfach das Kooperationsverhältnis des BVerfG zum EuGH betont.[71] Diesen Widerspruch hat das BVerfG in seiner Mangold-Entscheidung zum Teil geklärt.[72] Die ultra-vires-Kontrolle steht demnach unter dem Vorbehalt, dass das BVerfG nur offenkundige und schwerwiegende Kompetenzüberschreitungen der EU prüft.[73] Diese Prüfung erfolgt zudem subsidiär, d.h. zunächst muss der EuGH mit diesen Fragen befasst worden sein, im Extremfall durch das BVerfG selbst![74]

Bsp.: Ein Importeur klagte vor einem deutschen Verwaltungsgericht gegen die Verweigerung einer Einfuhrlizenz von Champignonkonserven, die die zuständige Behörde unter Berufung auf mehrere EU-Verordnungen abgelehnt hatte. Nachdem das VG die Klage als unbegründet zurückgewiesen hatte, legte das Unternehmen Sprungrevision zum BVerwG ein.

Dieses legte dem EuGH die betreffenden Verordnungen im Wege des Vorabentscheidungsverfahrens gemäß Art. 177 EWGV (jetzt Art. 267 AEUV) vor.

---

[70] **Hemmer/Wüst, Europarecht, Rn. 289 ff.**; auch die Entscheidung des BVerfG zum IHG, BVerfG, NJW 2005, 2289 - 2303 = **Life&Law 09/2005, 622 - 628** = **juris**byhemmer, brachte hier keine Änderung, da das BVerfG Verfassungsverstöße nur bei der Umsetzung der europarechtlichen Vorgaben annahm. In der Eilentscheidung klang dies zunächst noch anders, vgl. BVerfG, NJW 2005, 2060, **Life&Law 02/2005, 117 - 120** = **juris**byhemmer.

[71] BVerfG, NJW 2009, 2267 - 2295 = **Life&Law 09/2009, 618 - 632** = **juris**byhemmer.

[72] BVerfG, DVBl. 2010, 1229 - 1235 = **Life&Law 10/2010, 694 - 702** = **juris**byhemmer.

[73] Diese Grundsätze gelten auch bei Richtlinienumsetzungsgesetzen, vgl. BVerfGE 129, 186 - 208 = **Life&Law 12/2011, 906 - 911** = **juris**byhemmer. Das nach Art. 100 GG vorlegende Gericht muss darlegen, dass das BVerfG nach den Grundsätzen der Solange-Rechtsprechung überhaupt zur ultra-vires-Kontrolle befugt ist. Andernfalls scheitert die Richtervorlage an der Entscheidungserheblichkeit.

[74] Vgl. BVerfG, Beschluss vom 14.01.2014 2 BvR 2728/13 u.a. = **Life&Law 04/2014** = **juris**byhemmer.

Der EuGH bestätigte die Rechtmäßigkeit dieser Verordnungen. Im weiteren Verlauf des Revisionsverfahrens machte der Kläger geltend, dass die Verordnungen in der vom EuGH gegebenen Auslegung gegen deutsches Verfassungsrecht verstießen, und regte eine konkrete Normenkontrolle nach Art. 100 I GG an. Das BVerwG folgte dieser Anregung jedoch nicht und wies die Revision als unbegründet zurück. Gegen dieses Urteil erhob der Importeur Verfassungsbeschwerde, die das BVerfG als unbegründet zurückwies.[75]

Die Rüge der Beschwerdeführerin, die Verordnungen verstießen gegen Grundrechte des Grundgesetzes, ist unzulässig. Art. 24 I GG (jetzt Art. 23 I GG) ermöglicht es, Hoheitsrechte auf die Union zu übertragen.

Ein innerstaatlicher Anwendungsvorrang von Unionsrecht ergibt sich allein aus einem dahingehenden Rechtsanwendungsbefehl und nicht aus dem Unionsrecht selbst als autonome Rechtsquelle.

Einen solchen innerstaatlichen Anwendungsbefehl für das Unionsrecht und damit auch für die betreffenden Verordnungen stellen die Zustimmungsgesetze zu den Unionsverträgen gemäß Art. 24 I, 59 II S. 1 GG dar. Die Ermächtigung des Art. 24 I GG gilt aber nur soweit, wie das Grundgefüge der Verfassung der Bundesrepublik Deutschland nicht angetastet wird. Zu diesem Grundgefüge gehören jedenfalls die Rechtsprinzipien, die dem Grundrechtsteil des Grundgesetzes zu Grunde liegen.

Sofern der Union Hoheitsgewalt eingeräumt wird, die den Wesensgehalt der nationalen Grundrechte beeinträchtigen kann, muss stattdessen auf Unionsrechtsebene eine Grundrechtsgeltung gewährleistet sein, die dem grundgesetzlichen Grundrechtsstandard im Wesentlichen adäquat ist. Ein solcher Grundrechtsstandard ist mittlerweile vor allem durch die Rechtsprechung des EuGH gefestigt und hinreichend gewährleistet.

Solange dieser Schutz der Grundrechte auf Unionsebene generell sichergestellt ist, wird das Bundesverfassungsgericht seine Gerichtsbarkeit über die Anwendbarkeit von sekundärem Unionsrecht nicht mehr ausüben und dieses Recht nicht mehr am Maßstab der deutschen Grundrechte überprüfen.

Daher kommt eine Überprüfung der betreffenden Verordnungen am Maßstab der Grundrechte des Grundgesetzes nicht in Betracht.

Exkurs Ende!

---

[75] BVerfGE 73, 339 - 388, Solange II - Beschluss = **juris**byhemmer.

hemmer-Methode: Der Vorrang des Europarechts zumindest vor dem einfachen nationalen Recht lässt sich sehr gut an Art. 107 f. AEUV verdeutlichen. Gegen diese Vorschriften verstoßende Beihilfen des nationalen Rechts sind rechtswidrig und müssen - Art. 291 I AUEV - grundsätzlich zurückgenommen werden. Die Konsequenz ist, dass der Vertrauensschutz des Bürgers, der normalerweise i.R.d. Rücknahme nach § 48 VwVfG Berücksichtigung findet, nahezu unberücksichtigt bleibt. Hierzu umfassend der Beispielsfall in Rn. 63.

V. Auslegung des Unionsrechts

Das Unionsrecht kennt folgende Auslegungsmethoden: 65

- am Wortlaut orientierte **grammatikalische** Auslegung[76]
- an der Stellung der Norm im Normsystem orientierte **systematische** Auslegung[77]
- am Sinn und Zweck der Norm orientierte **teleologische** Auslegung[78]
- an der Entstehungsgeschichte orientierte **historische** Auslegung[79]

ähnlich den nationalen Auslegungsmethoden

Dies sind im Wesentlichen die gleichen Auslegungsmethoden wie im nationalen Recht. Besonderheiten ergeben sich aber aus der dem Unionsrecht eigenen Gewichtung der verschiedenen Auslegungsmethoden. So genießt die **teleologische Auslegung**, gerichtet auf eine einheitliche Auslegung des Unionsrechts in seinem gesamten Geltungsbereich sowie auf die größtmögliche Wirksamkeit des Unionsrechts, einen vorderen Stellenwert. Die **historische Auslegung** ist dagegen von untergeordneter Natur.

B) Das Primärrecht

I. Geschriebenes Recht

Gründungsverträge

Zum Primärrecht der Europäischen Union zählen als geschriebenes Recht in erster Linie die Gründungsverträge samt ihrer Anhänge und Protokolle. 66

[76] EuGH, Urt. v. 07.07.1988, Rs. 55/87, Moksel, Slg. 1988, 3845 - 3876 (3865).

[77] EuGH, Urt. v. 04.12.1985, Rs. 205/84, Slg. 1986, 3755 - 3815 (3793).

[78] EuGH, Urt. v. 16.07.1956, Rs. 8/55, Fédéchar, Slg. 1955/56, 197.

[79] EuGH, Urt. v. 06.06.1972, Rs. 2/72, Murru, Slg. 1972, 333 - 343.

Änderungen und Ergänzungen

Den gleichen Rang haben auch alle völkerrechtlichen Regelungen (Verträge und Akte) inne, die die Gründungsverträge ändern oder ergänzen.

So gehören z.B. die Bestimmungen zur Änderung des EG-Vertrages im Maastrichter und Amsterdamer Vertrag zum primären Unionsrecht. Die Bestimmungen über die GASP und die PJZS stellen dagegen kein Unionsrecht dar.

Vertragliches Primärrecht ist unmittelbar anwendbar durch die innerstaatlichen Organe und kann dem Einzelnen Rechte und Pflichten verleihen, soweit die oben genannten Voraussetzungen (Rn. 58 ff.) vorliegen.

> **Bsp.:** *Die Grundfreiheiten nach Art. 34, 45, 49, 56 AEUV (früher: Art. 28, 39, 43, 49 EG) sind unmittelbar anwendbar. Gleiches gilt u.a. für Art. 157 AEUV (früher: Art. 141 EG).*

II. Gewohnheitsrecht

Als ungeschriebenes Primärrecht wird das Gewohnheitsrecht 67
den Verträgen zwar gleichgestellt, praktisch ist es jedoch fast ohne jede Bedeutung.

consuetudo + opinio iuris

Gemäß den allgemeinen völkerrechtlichen Grundsätzen entsteht primärrechtliches Gewohnheitsrecht durch **langandauernde Übung der Mitgliedstaaten** („consuetudo") **in der Überzeugung, dass dieses Verhalten rechtlich geboten sei** („opinio iuris").

III. Allgemeine Rechtsgrundsätze

Von großer Bedeutung sind die allgemeinen Rechtsgrundsätze 68
als subsidiäre primärrechtliche Regeln. Sie entsprechen inhaltlich den allgemeinen Rechtsgrundsätzen, die den Rechtsordnungen der Mitgliedstaaten gemeinsam sind, und sind in Art. 340 II AEUV (früher: Art. 288 II EG) ausdrücklich als existent anerkannt worden (vgl. auch Art. 6 III EUV).

wertende Rechtsvergleichung

Welche allgemeinen Rechtsgrundsätze nun den Mitgliedstaaten gemeinsam sind, wird im Wege der „wertenden Rechtsvergleichung" festgestellt.

Von besonderer Bedeutung sind die auf diesem Wege gewonnenen unionsrechtlichen **Grundrechte und Rechtsstaatsprinzipien**.[80]

---

80 Vgl. oben Rn. 49 ff.

C) Das Sekundärrecht

I. Verordnungen

Gemäß Art. 288 II AEUV hat die Verordnung allgemeine Geltung, ist in allen ihren Teilen verbindlich und gilt unmittelbar in jedem Mitgliedstaat. 69

allgemeine Geltung

„Allgemeine Geltung“ bedeutet, dass die Verordnung eine generell-abstrakte Regelung enthält, also Rechtsnormcharakter hat. Sie trifft Rechtsfolgen für eine unbestimmte Anzahl von Sachverhalten gegenüber einer unbestimmten Anzahl von Personen.

in allen Teilen verbindlich

„In allen Teilen verbindlich“ bedeutet, dass die Verordnung umfassend zwingend zu beachtendes Unionsrecht darstellt. Jede von ihr getroffene Regelung ist zu beachten.

unmittelbare Geltung

„Unmittelbare Geltung“ bedeutet, dass Adressaten der Verordnungen neben den Unionsorganen und den Mitgliedstaaten auch die innerstaatlichen Rechtsanwender und -unterworfenen sind.

Die Verordnungen sind also von Behörden und Gerichten,[81] aber auch von Parlamenten und Privaten zu beachten, ohne dass es erst eines speziellen Umsetzungsaktes bedarf.

VO = „Gesetz“

Die Verordnung ist also das „Gesetz“ der Union. Allerdings trifft das Unionsrecht keine Unterscheidung zwischen materiellem und formellem Gesetz wie das deutsche Recht. Für beide steht im Unionsrecht funktional die Verordnung. Sie zielt auf die Rechtsvereinheitlichung zwischen den Mitgliedstaaten. Der Vollzug erfolgt regelmäßig durch die Mitgliedstaaten.[82]

II. Richtlinien

1. Allgemeines

Gemäß Art. 288 III AEUV ist die Richtlinie für jeden Mitgliedstaat, an den sie gerichtet wird, hinsichtlich des zu erreichenden Ziels verbindlich, überlässt jedoch den innerstaatlichen Stellen die Wahl der Form und der Mittel. 70

---

81 BVerfGE 31, 145 (170) = jurisbyhemmer.

82 Vgl. unten Rn. 120 ff.

Von der Verordnung unterscheidet sich die Richtlinie somit in zweierlei Hinsicht:

- Sie ist nicht in allen Teilen, sondern nur hinsichtlich des Zieles verbindlich.
- Adressaten sind nur die Mitgliedstaaten.

Ziele

Der Begriff „Ziel" ist nicht zu eng zu verstehen, sondern in dem Sinne, dass mit der Richtlinie rechtlich verbindliche Eckpunkte gesetzt werden, die die Mitgliedstaaten zu gewährleisten haben.

RL = „Rahmengesetz"

Die Richtlinie ist also das „Rahmengesetz" der Union. Sie zielt auf Rechtsangleichung zwischen den Mitgliedstaaten.

2. Umsetzung von Richtlinien

Richtlinien bedürfen zu ihrer vollen Wirksamkeit der Umsetzung durch die Mitgliedstaaten, Art. 288 III AEUV. 71

Die Pflicht zur Umsetzung ergibt sich aus Art. 288 III AEUV i.V.m. Art. 291 I AEUV. Die Frist zur Umsetzung ist i.d.R. jeweils in der Richtlinie selbst konkretisiert.

unmittelbarer Vollzug

a) Die **Umsetzung selbst** ist eine Form **des unmittelbaren mitgliedstaatlichen Vollzugs** (siehe Rn. 128 ff.).

effet utile

Die Mitgliedstaaten haben eine solche Umsetzungsmaßnahme zu wählen, die für die **Gewährleistung der praktischen Wirksamkeit (effet utile)** der Richtlinie am besten geeignet ist,[83] d.h. tatsächlich die vollständige Herstellung des mit der Richtlinie gewollten Rechtszustandes mit ausreichender **Eindeutigkeit und Bestimmtheit** (Rechtssicherheit und Rechtsklarheit) gewährleistet.[84] Auch diese Pflicht ergibt sich aus Art. 288 III AEUV i.V.m. Art. 291 I AEUV.

Das bedeutet für Deutschland, dass die Umsetzung i.d.R. durch Gesetze oder Rechtsverordnungen zu erfolgen hat. Verwaltungsvorschriften oder bloße Verwaltungspraktiken gewährleisten nicht ausreichend die notwendige Rechtsverbindlichkeit, Rechtsklarheit und Rechtssicherheit.

mittelbarer Vollzug

b) Das **Handeln der Behörde** auf Grundlage der umsetzenden Rechtsvorschrift ist dann eine Form des **mittelbaren mitgliedstaatlichen Vollzugs**.

---

[83] Z.B. EuGH, Urt. v. 08.04.1976, Rs. 48/75, Royer, Slg. 1976, 497 - 519 (517).

[84] Z.B. EuGH, Urt. v. 30.05.1991, Rs. C-361/88, TA-Luft, Tz. 15, Slg. 1991, I-2567 - 2606.

hemmer-Methode: Soweit ein Umsetzungsgesetz identisch mit der Richtlinie ist, bezieht sich die Solange-Rechtsprechung des BVerfG[85] auch auf das deutsche Umsetzungsgesetz, eine Richtervorlage nach Art. 100 I GG ist also unzulässig. Anders ist dies bezüglich solcher Teile des Umsetzungsgesetzes, in denen der deutsche Gesetzgeber über die Vorgaben der Richtlinie hinausgeht.[86]

3. Weitere mittelbare Wirkungen von Richtlinien

Daneben entfaltet die Richtlinie noch weitere mittelbare Wirkungen. 72

Sperrwirkung

a) Zum einen dürfen die Mitgliedstaaten nach Umsetzung einer Richtlinie die Rechtsvorschriften nicht mehr im Widerspruch zur Richtlinie ändern.

Stillhalteverpflichtung

b) Zum anderen ist es den Mitgliedstaaten aber auch schon vor der Umsetzung ab dem Inkrafttreten einer Richtlinie verboten, Maßnahmen zu ergreifen, die geeignet sind, die Erreichung des in dieser Richtlinie vorgeschriebenen Zieles ernstlich in Frage zu stellen.[87]

richtlinienkonforme Auslegung

c) Darüber hinaus sind die Mitgliedstaaten und die funktional betroffenen innerstaatlichen Stellen verpflichtet, das nationale Recht richtlinienkonform auszulegen.[88]

schon vor Ablauf der Umsetzungsfrist?

Umstritten war allerdings, ob dies auch schon ab dem Zeitpunkt des Inkrafttretens der Richtlinie, also bereits vor Ablauf der Umsetzungsfrist, gilt. Während der EuGH zu einer solchen Pflicht zu tendieren schien,[89] äußern Ansichten in der Literatur Bedenken dagegen.[90] Der BGH erachtet eine solche Auslegung zumindest für zulässig.[91]

BGH

> „Die Bedenken, eine richtlinienkonforme Auslegung der nationalen Gesetze durch die Gerichte vor Ablauf der Umsetzungsfrist greife in die Kompetenzen des Gesetzgebers ein, sind unbegründet, solange sich die Konformität mittels Auslegung im nationalen Recht herstellen lässt, und soweit dem Gesetzgeber ohnehin kein Spielraum bei der Umsetzung bleibt."[92]

---

85 Vgl. oben Rn. 65.

86 BVerfG, NVwZ 2004, 1346 - 1347 = jurisbyhemmer; BVerfG, DVBl. 2007, 821 - 831 = **Life&Law 11/2007, 762 - 768** = **juris**byhemmer.

87 EuGH, Urt. v. 18.12.1997, Rs. C-129/96, Inter-Environment, Tz. 50, Slg. 1997, I-7411 - 7452.

88 EuGH, Urt. v. 10.04.1984, Rs. 14/83, von Colson und Kamann, Tz. 26, Slg. 1984, 1891 - 1920.

89 EuGH, Urt. v. 08.10.1987, Rs. 80/86, Kolpinghuis Nijmegen, Slg. 1987, 3969 (3987).

90 Z.B.: Ehricke, Die richtlinienkonforme und die gemeinschaftsrechtskonforme Auslegung nationalen Rechts, RabelsZ 59 (1995), 598 - 644 (621); Götz, Europäische Gesetzgebung durch Richtlinien - Zusammenwirken von Gemeinschaft und Staat, NJW 1992, 1849 - 1856 (1854).

91 BGH, NJW 1998, 2208 - 2212; BGH, NJW 1998, 3561 - 3563; BGH, NJW 1999, 948 – 950: **alle Entscheidungen** = **juris**byhemmer.

92 BGH, NJW 1998, 2208 - 2212 = **juris**byhemmer.

Der EuGH hat diese Frage mittlerweile eindeutig beantwortet. Eine Pflicht zur richtlinienkonformen Auslegung besteht erst ab Ablauf der Umsetzungsfrist.[93] Eine weitere Einschränkung erfährt diese Verpflichtung durch den Bestimmtheitsgrundsatz. Verstößt eine richtlinienkonforme Auslegung gegen die Wortlautgrenze, müssen bzw. dürfen nationale Behörden die entsprechenden Regelungen nicht richtlinienkonform auslegen.[94]

Bsp.: *Ursprünglich hat die Rechtsprechung das UWG dahingehend ausgelegt, dass vergleichende Werbung grundsätzlich wettbewerbswidrig sei, es sei denn, gewisse besondere Umstände waren gegeben. Nach der RL 97/55/EG ist vergleichende Werbung jedoch grundsätzlich zulässig, sofern die darin genannten Voraussetzungen erfüllt sind.*

Trotz noch fehlender Umsetzung der Richtlinie und obwohl die Umsetzungsfrist noch nicht abgelaufen war, änderte der BGH ausdrücklich unter Verweis auf eine richtlinienkonforme Auslegung des § 1 UWG seine Rechtsprechung und „drehte" das Regel-Ausnahme-Verhältnis i.S.d. RL 97/55/EG um.

4. Unmittelbare Anwendbarkeit von Richtlinien

unmittelbare Wirkung grds. (-)

a) Da die Richtlinie grundsätzlich eines Umsetzungsaktes bedarf, handelt es sich immer um eine rechtlich unvollkommene Rechtsnorm. Sie ist daher **grundsätzlich nicht geeignet, unmittelbare Wirkungen zu entfalten**. *73*

effet utile

Allerdings würde die der Richtlinie zuerkannte verbindliche Wirkung geschmälert, wenn sie durch rechtswidrige Nichtumsetzung bzw. nichtordnungsgemäße Umsetzung durch die Mitgliedstaaten auf Dauer unterlaufen werden könnte. Aus dem, dem Prinzip der Unionstreue (Art. 291 I AEUV) entspringenden **Grundsatz der Sicherung der praktischen Wirksamkeit des Unionsrechts (effet utile)** ergibt sich deshalb, dass einzelne Bestimmungen der Richtlinie ausnahmsweise doch unmittelbare Wirkungen entfalten können müssen.

[93] EuGH, NJW 2006, 2465 - 2468.

[94] EuGH, Urteil vom 15.01.2014, Rs. C-176/12 (Association de médiation sociale) = **Life&Law 06/2014** = **juris**byhemmer.

objektiv-rechtliche Wirkung

b) Richtlinienbestimmungen können **unmittelbar anwendbar** sein, **wenn** 74

- die Umsetzungsfrist abgelaufen ist,
- die Richtlinie nicht ordnungsgemäß umgesetzt worden ist und
- die Richtlinienbestimmung hinreichend genau und unbedingt ist.[95]

subjektiv-rechtliche Wirkung

c) Der Einzelne kann sich vor einem nationalen Gericht auf eine solche Richtlinienbestimmung berufen, wenn sie **bezweckt, dem Einzelnen subjektive Rechte zu verleihen**, d.h., wenn die Mitgliedstaaten aufgrund der Richtlinie dem Einzelnen eigentlich subjektive Rechte hätten verschaffen müssen. 75

grds. keine unmittelbare Wirkung zu Lasten Privater

d) Zudem gilt, dass Richtlinien **grundsätzlich keine unmittelbaren Wirkungen zu Lasten Privater** entfalten.[96] Weder der Staat (vertikale Wirkung) noch Private (horizontale Wirkung) können sich zu Lasten Privater gegenüber diesen unmittelbar auf eine Richtlinienbestimmung berufen.[97] 76

arg.: Vertrauensschutz

Diese Einschränkung stützt sich insbesondere auf **Erwägungen des Vertrauensschutzes**. 77

EuGH

> „Elementare Voraussetzung für die Belastung des Bürgers durch gesetzgeberische Akte ist die konstitutive Veröffentlichung in einem amtlichen Veröffentlichungsorgan. Diese Voraussetzungen erfüllen die Richtlinien, die auf der Grundlage des EWG-Vertrages verabschiedet wurden, nicht. Die Übung, Richtlinien im Amtsblatt als nicht veröffentlichungsbedürftige Rechtsakte zu verabschieden, bietet keine Abhilfe. Die Möglichkeit, von einem Rechtsakt Kenntnis zu erlangen, ersetzt nicht dessen konstitutive Verkündung."[98]

hemmer-Methode: Die unmittelbare Wirkung einer Richtlinie ist nicht zu verwechseln mit der richtlinienkonformen Auslegung nationalen Rechts. Bei Letzterer gilt diese Einschränkung nicht, denn dort wird ja gerade nicht die Richtlinie selbst, sondern „normales" nationales Recht angewendet.

---

95 Zur Vertiefung **Hemmer/Wüst, Europarecht, Rn. 84**; vgl. auch BGH, NJW 2009, 427 - 431 = **juris**byhemmer.

96 Vgl. **Hemmer/Wüst, Europarecht, Rn. 83**.

97 Z.B. EuGH, Urt. v. 08.10.1987, Rs. 80/86, Kolpinghuis Nijmegen, 14. LS, Slg. 1987, 3969 (3986).; EuGH, Urteil vom 15.01.2014, Rs. C-176/12 (Association de médiation sociale) = **Life&Law 06/2014** = **juris**byhemmer.

98 GA Lenz, SA v. 09.02.1994, Rs. C-91/92, Faccini Dori, Tz. 64, Slg. 1994, I-3328 (I-3343).

Gleiches gilt, wenn die unmittelbare Anwendbarkeit einer Richtlinie lediglich dazu führt, dass entgegenstehende nationale Vorschriften unangewendet bleiben müssen (nur objektiv-rechtliche Wirkung).[99] In einem solchen Fall wirkt die Richtlinie gerade nicht unmittelbar (selbst) zu Lasten des Privaten, sondern nur mittelbar durch die Verdrängung des nationalen Rechts.

5. Beispielfall zur unmittelbaren Wirkung von Richtlinien

Bsp.: *Die niederländische Staatsangehörige van Duyn wollte in Großbritannien eine Stelle als Sekretärin bei der Church of Scientology antreten. Ihr wurde jedoch die Einreise nicht gestattet mit der Begründung, dass keine Einreiseerlaubnis für Personen bestehe, die für die Church of Scientology arbeiten.*

Gegen diese Einreiseverweigerung erhob van Duyn Klage; sie stützte sich dabei neben der Berufung auf Art. 48 EWGV (jetzt Art. 45 AEUV) insbesondere auf Art. 3 I der Richtlinie 64/221.

Das Gericht legte dem EuGH u.a. die Frage vor, ob die Richtlinie 64/221 unmittelbare Wirkung habe, sodass sie einer Einzelperson Rechte verleihe, die sie vor dem nationalen Gericht geltend machen könne. Der EuGH bejahte diese Frage.[100]

Gemäß Art. 189 EWGV (jetzt Art. 288 AEUV) gelten Verordnungen unmittelbar. Daraus folgt nicht, dass andere in diesem Artikel angeführte Rechtsakte niemals unmittelbare Wirkungen erzeugen können.

Die in Art. 189 EWGV zum Ausdruck kommende Verbindlichkeit einer Richtlinie lässt es nicht zu, diesem Rechtsakt grundsätzlich eine unmittelbare Wirkung zu versagen. Insbesondere in den Fällen, in denen eine Richtlinie den Mitgliedstaaten Verpflichtungen auferlegt, wäre die praktische Wirksamkeit („effet utile") dieses Rechtsakts beeinträchtigt, wenn sich eine Einzelperson vor einem mitgliedstaatlichen Gericht hierauf nicht berufen könnte. Im Übrigen setzt das Vorabentscheidungsverfahren nach Art. 177 EWGV (jetzt Art. 267 AEUV), wonach die nationalen Gerichte dem Gerichtshof Fragen über die Gültigkeit und Auslegung aller Maßnahmen der Organe ohne Unterschied vorlegen können, voraus, dass sich der Einzelne vor Gericht auf diese Maßnahmen berufen kann.

---

99 Vgl. oben Rn. 59.

100 EuGH, Urt. v. 04.12.1974, 41/74, van Duyn, Slg. 1974, 1337.

Es ist daher im Einzelfall zu untersuchen, ob die fraglichen Bestimmungen einer Richtlinie nach ihrer Systematik und dem Wortlaut geeignet sind, unmittelbare Wirkung zu erzeugen.

Art. 3 I der Richtlinie 64/221 hat entsprechend der obigen Ausführungen unmittelbare Wirkung, sodass sich der Betroffene auf diese Bestimmung vor dem staatlichen Gericht berufen kann.

hemmer-Methode: Zu weiteren Fällen, in denen sich der EuGH mit der unmittelbaren Wirkung von Richtlinien beschäftigte, vgl. Hemmer/Wüst, Classics Europarecht, Fall 5 (Marschall I) und Fall 6 (Wärmekraftwerk Großkrotzenburg).

III. Beschlüsse

Gemäß Art. 288 IV AEUV sind Beschlüsse in allen ihren Teilen verbindlich. Lediglich wenn sie einen Adressaten haben, besitzen sie - im Unterschied zur Verordnung - individuelle Geltung, d.h. sie sind auch nur für diesen Adressaten verbindlich. 78

Beschluss = „VA“

Der Beschluss ist der „VA“ des Unionsrechts. Adressaten eines Beschlusses können sowohl Mitgliedstaaten als auch Individuen sein.

unmittelbare Wirkung

Wird ein Beschluss an Mitgliedstaaten gerichtet, kann er dennoch auch unmittelbare Wirkungen für den Einzelnen entfalten.

***Bsp.:** Die Kommission stellt fest, dass eine nationale Subvention gegen Art. 107 f. AEUV verstößt und fordert den Mitgliedstaat auf, die Subvention zurückzunehmen.*

hemmer-Methode: Wichtig ist dies im Rahmen des Art. 263 IV AEUV, da der Einzelne einen Beschluss nur dann anfechten darf, wenn er individuell und unmittelbar betroffen ist.[101]

IV. Stellungnahmen und Empfehlungen

rechtlich unverbindlich

Gemäß Art. 288 V AEUV sind Stellungnahmen und Empfehlungen nicht verbindlich. Sie legen ihren Adressaten nur ein bestimmtes Verhalten nahe. 79

Im Unterschied zur VO, RL oder Entscheidung können sie auch nicht mittels einer Nichtigkeitsklage gemäß Art. 263 AEUV angegriffen werden.

101 Vgl. Rn. 163 ff.

V. Ungekennzeichnete Rechtsakte

Die Organe der Union erlassen häufig auch Rechtsakte, die sich ihrem Wesen nach keiner der oben genannten Kategorien zuordnen lassen. Sie ergehen i.d.R. als Beschluss. Art. 288 V AEUV ist insofern nicht abschließend. Sie entfalten nur ausnahmsweise Rechtswirkungen. 80

Als ungekennzeichnete Rechtsakte ergehen u.a. Programme, Geschäfts- oder Verfahrensordnungen und Zustimmungen zu völkerrechtlichen Verträgen.

D) Allgemeines Völkerrecht

Die Union besitzt gemäß Art. 47 EUV (früher: Art. 281 EG) Völkerrechts- und Handlungsfähigkeit. So kann sie z.B. völkerrechtliche Verträge mit anderen Völkerrechtssubjekten abschließen, ist aber als Völkerrechtssubjekt auch an die Regeln des Völkerrechts (völkerrechtliche Verträge, Völkergewohnheitsrecht, allgemeine Rechtsgrundsätze) gebunden. 81

Die Art und Weise der Einbettung seiner Regeln in die internen Rechtsordnungen überlässt das Völkerrecht den einzelnen Völkerrechtssubjekten selbst.[102]

Monismus

Der EuGH scheint sich von einer monistischen Konzeption[103] leiten zu lassen, wonach die von der Union geschlossenen völkerrechtlichen Verträge sowie das für die Union verbindliche Völkergewohnheitsrecht „Bestandteile der Unionsrechtsordnung“ sind, ohne dass es irgendeines Transformationsaktes oder besonderen Rechtsanwendungsbefehls bedarf. 82

Da das Völkerrecht nicht in unionsrechtliche Normen transformiert wird, sondern als solches im Rechtsraum der Union wirkt, sind auch nur die allgemeinen völkerrechtlichen Auslegungsregeln maßgeblich.

Vorrang des Völkerrechts vor Sekundärrecht

Das so inkorporierte Völkerrecht steht innerhalb der Normenhierarchie des Unionsrechts über dem Sekundärrecht. **Handlungen der Unionsorgane, die gegen inkorporiertes Völkerrecht verstoßen, sind nichtig.** Dieses Ergebnis stützt sich hinsichtlich des Völkervertragsrechts auf Art. 216 II AEUV (früher: Art. 300 VII EG) und entspricht insgesamt der Völkerrechtsfreundlichkeit der Unionsrechtsordnung. 83

102 Epiney, Zur Stellung des Völkerrechts in der EU, EuZW 1999, 5 (6).

103 Die Gegenansicht zum Monismus ist der Dualismus. Ersterer sieht Völkerrecht und nationales Recht als Teile einer Rechtsordnung an, Letzterer behandelt Völkerrecht und nat. Recht als zwei unterschiedliche Rechtsordnungen.

Vorrang des Primärrechts vor Völkerrecht

Noch völlig offen gelassen hat der EuGH dagegen das Verhältnis des inkorporierten Völkerrechts zum Primärrecht. Grundsätzlich wird von der wohl h.L. ein **Vorrang des Primärrechts** angenommen. Gestützt wird dies hinsichtlich des Völkervertragsrechts auf Art. 218 XI AEUV (früher: Art. 300 VI EG).

Grenzen und Charakter des Vorrangs unklar

Unklar bleiben aber sowohl die Grenzen (Vorrang des Primärrechts auch vor den zwingenden Regeln[104] des Völkerrechts?), als auch der Charakter des Vorrangs (Geltungs- oder Anwendungsvorrang?).

unmittelbare Wirkungen möglich

Der Umstand, dass inkorporiertes Völkerrecht Bestandteil der Unionsrechtsordnung ist, impliziert auch die grundsätzliche Möglichkeit unmittelbarer Wirkungen. Für völkerrechtliche Verträge hat der EuGH dies bereits ausdrücklich bejaht. 84

[104] Einige wenige völkergewohnheitsrechtliche Regelungen (z.B. Gewaltverbot, Verbot der Sklaverei und des Völkermords) werden allgemein als zwingend, d.h. als ausnahmsweise nicht durch völkerrechtliche Verträge abdingbar angesehen.

§ 5 DIE UNIONSORGANE

A) Allgemeines

institutionelle Grundstruktur

Zur Erfüllung ihrer Aufgaben wurde die Union durch den EUV 85
mit Organen ausgestattet. Die ihr so verliehene institutionelle Grundstruktur wird mit den **Art. 13 bis 19 EUV** deutlich.

Die Aufgaben der Union werden insbesondere durch die sieben Hauptorgane wahrgenommen, **Art. 13 I EUV**:

- Europäisches Parlament
- Europäischer Rat
- Rat
- Kommission
- Gerichtshof der Europäischen Union
- Europäische Zentralbank
- Rechnungshof

Ihnen obliegen dazu - nach Maßgabe der übrigen Vertragsbestimmungen - die Bereiche der Rechtsetzung, der Rechtsprechung und des Vollzuges.

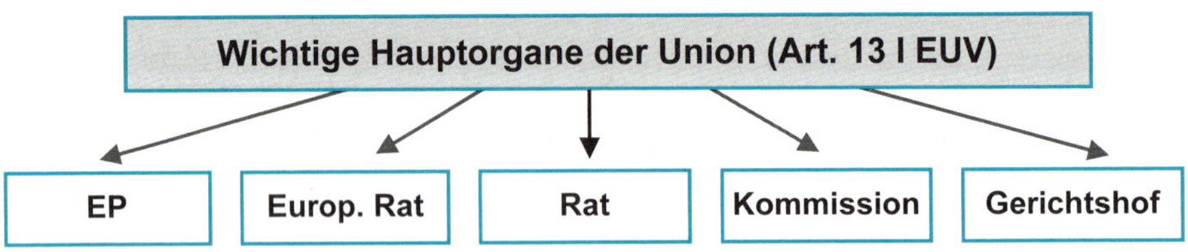

Beratend unterstützt werden sie dabei durch zwei Nebenorgane, **Art. 13 IV EUV**:

- den Wirtschafts- und Sozialausschuss (WSA) und
- den Ausschuss der Regionen (AdR).

Prinzip des institutionellen Gleichgewichts

Durch die konkrete Ausgestaltung der Kompetenzzuweisungen wurde zwischen den Organen ein institutionelles Gleichgewicht geschaffen, dass diese bei Ausübung ihrer Befugnisse zu beachten haben.

B) Das Europäische Parlament

Das Europäische Parlament (Art. 13 I, 14 EUV, Art. 223 AEUV ff.) ist im institutionellen Gefüge der Union der **Interessenvertreter der Bevölkerung** („Vertreter der Völker"). 86

Ursprünglich trug es die Bezeichnung „Versammlung", benannte sich dann selbst mit Beschluss vom 30.03.1962 in „Europäisches Parlament" um,[105] bevor dann durch Art. 3 I EEA auch vertraglich diese Bezeichnung eingeführt wurde.

I. Aufgaben und Befugnisse

interne Befugnisse

a) Das Europäische Parlament hat im Anwendungsbereich des Vertrages ein umfassendes Beratungsrecht.[106] 87

Für die interne Auseinandersetzung im Parlament ist ihm also keine Materie der Unionsangelegenheiten entzogen.

externe Befugnisse

b) Nach außen hat das Europäische Parlament einige Kontrollbefugnisse gegenüber anderen Organen sowie v.a. Mitwirkungsbefugnisse bei der Rechtsetzung.

Die Befugnisse des Europäischen Parlaments sind zwar mit der Zeit immer weiter entwickelt worden und haben einen Stand erreicht, der seinesgleichen unter internationalen Organisationen sucht. Im Vergleich zu den innerstaatlichen Parlamenten demokratischer Staaten ist jedoch die Position des Europäischen Parlaments im gesamten institutionellen Gefüge schwächer. Insbesondere ist das Parlament nicht das alleinige Gesetzgebungsorgan, sondern hat im Normalfall nur ein Mitentscheidungsrecht, vgl. Art. 294 AEUV, z.T. sogar nur ein Mitspracherecht.[107] Es handelt sich bei der EU aber eben auch nicht um einen Staat.

Rechtsetzung

aa) Das Europäische Parlament wirkt also in unterschiedlicher Intensität am Zustandekommen der vom Rat zu erlassenen Rechtsakte mit. Abhängig vom jeweiligen Rechtsetzungsverfahren hat das Europäische Parlament Anhörungs-, Mitgestaltungs- und Mitentscheidungskompetenzen, vgl. Art. 294 ff. AEUV.

---

[105] ABl. 1962, S. 1045.

[106] EuGH, Urt. v. 10.02.1983, Rs. 230/81, Luxemburg/EP, Tz. 39, Slg. 1983, 255 (287); EuGH, Urt. v. 10.04.1984, Rs. 108/83, Luxemburg/EP, Tz. 26, Slg. 1984, 1945 (1960).

[107] Vgl. im Einzelnen Rn. 112 ff.

Kontrollrechte

bb) Das Europäische Parlament kann zur Aufklärung von Rechtsverstößen in der Union und von Missständen bei der Rechtsanwendung gemäß Art. 226 AEUV Untersuchungsausschüsse einsetzen.

Darüber hinaus sind dem Europäischen Parlament insbesondere gegenüber der Kommission verschiedene Kontrollbefugnisse eingeräumt worden:

- Fragerechte (Art. 230 II AEUV)
- Erörterung des Jahresberichts (Art. 233 AEUV)
- Misstrauensvotum (Art. 234 AEUV)
- Entlastung der Haushaltsführung (Art. 319 AEUV)

II. Zusammensetzung

Zusammensetzung

Die Abgeordneten des Europaparlaments werden jeweils für fünf Jahre in allgemeiner, unmittelbarer, freier und geheimer Wahl gewählt, vgl. Art. 14 III EUV.[108] *88*

Gemäß Art. 14 II UA 1 EUV besteht dabei zukünftig das Parlament aus max. 750 Abgeordneten, wobei kein Mitgliedstaat mit mehr als 96 Abgeordneten vertreten sein darf (durch diese Neuregelung verliert Deutschland drei Sitze). Minimum sind sechs Sitze, wobei hier eine degressiv proportionale Verteilung der Sitze erfolgen muss (nach Art. 14 II UA 2 EUV wird die genaue Verteilung zukünftig durch Rat und Parlament durch Beschluss festgelegt, d.h. es besteht keine gesetzliche Regelung, was die Sitzverteilung (z.B. bei Eintritt eines neuen Staates in die EU) flexibler machen soll.

Mit diesem Schlüssel soll zum einen sichergestellt werden, dass die Mitgliedstaaten entsprechend ihres Bevölkerungsanteils in der Union vertreten sind. Zum anderen sollen die größeren Mitgliedstaaten die übrigen nicht „erdrücken" können. Es verbleibt aus diesem Grund auch nach dem Vertrag von Lissabon bei einer Überrepräsentation der sog. kleinen Staaten.

hemmer-Methode: Dies ist einer der Gründe, warum der Union u.a. vom BVerfG ein Demokratiedefizit attestiert wird!

---

[108] Das konkrete Wahlrecht ist den Mitgliedstaaten überlassen. Das BVerfG erklärte dabei die 5 %-Klausel für die Wahl zum Europäischen Parlament für unzulässig, vgl. BVerfGE 129, 300 - 355 = **Life&Law 03/2012, 199 - 208 = jurisbyhemmer**.

III. Beschlussfassung

Regel

In der Regel beschließt das Europäische Parlament gemäß Art. 231 AEUV mit der **Mehrheit** der **abgegebenen Stimmen** (dies ist eine weitere Änderung durch den Vertrag von Lissabon: Vorher war hier die absolute Mehrheit die Regel). 89

Ausnahme

Ausnahmen dazu sehen z.B. das ordentliche Gesetzgebungsverfahren (Art. 294 VII lit. b und c AEUV) vor, wo die **absolute Mehrheit** der **Mitglieder des Europäischen Parlaments** verlangt wird.

C) Europäischer Rat

Der Europäische Rat, **Art. 15 EUV, Art. 235 f. AEUV,** gibt der Union die für ihre Entwicklung erforderlichen Impulse und legt die allgemeinen politischen Ziele fest. Der Europäische Rat wird allerdings nicht gesetzgeberisch tätig, dies ist allein dem Rat und der Kommission vorbehalten. 89a

Hierfür kommen zweimal im Halbjahr die Regierungschefs der Mitgliedstaaten sowie der Präsident der Kommission und des Europäischen Rates zusammen.

hemmer-Methode: Der Präsident der Kommission hat damit eine Doppel-Funktion inne. Er ist Mitglied zweier Organe, der Kommission und des Europäischen Rates. Ähnlich ist es mit dem Hohen Vertreter für die Außen- und Sicherheitspolitik, Art. 18 EUV. Dieser leitet die gemeinsame Sicherheits- und Außenpolitik, er ist eine der Vizepräsidenten der Kommission, Art. 18 II, IV EUV, und er nimmt an Arbeiten des Europäischen Rates teil, Art. 15 II S. 2 EUV.

D) Der Rat

Das zentrale Organ der Union ist aufgrund der ihm zugewiesenen Aufgaben und Befugnisse der Rat (Art. 16 EUV, Art. 237 ff. AEUV). Entsprechend seiner Zusammensetzung fungiert er dabei als **Interessenvertreter der Mitgliedstaaten**. 90

Der Rat der EU ist nicht identisch mit

- dem Europäischen Rat gemäß Art. 15 EUV, s. oben,
- der „Konferenz der Vertretern der Regierungen der Mitgliedstaaten“ gem. Art. 48 III, IV EUV
- den im Rat vereinigten Vertretern der „Regierungen der Mitgliedstaaten“ gem. Art. 253 I, 341 AEUV.

hemmer-Methode: Keinesfalls darf der Rat, ein Organ der EU, mit dem Europarat verwechselt werden. Letzterer ist eine Staatenkonferenz zum Schutz der Menschenrechte nach der „Europäischen Menschenrechtskonvention“.

I. Aufgaben und Befugnisse

Legislative

Der Rat ist das **Hauptrechtsetzungsorgan** der Union. Der ganz überwiegende Teil der sekundären Rechtsnormen wird durch ihn beschlossen. Die anderen Organe wirken dabei lediglich mit. *91*

II. Zusammensetzung

Fachminister

Der Rat besteht aus **je einem Staatenvertreter** der Mitgliedstaaten mit Ministerrang (Art. 16 II EUV). Da eine personelle Kontinuität nicht verlangt wird, tagt der Rat i.d.R. **in Zusammensetzung der jeweils zuständigen Fachminister**. *92*

Der Staatenvertreter muss nicht notwendig ein Mitglied der Zentralregierung sein, sodass z.B. Deutschland auch einen von der Bundesregierung bevollmächtigten Landesminister entsenden kann.[109] Gewohnheitsrechtlich ist zudem die Vertretung durch einen Staatssekretär zulässig.[110]

III. Beschlussfassung

qualifizierte Mehrheit

a) Der Rat beschließt, wenn der Vertrag nichts anderes vorsieht, mit qualifizierter Mehrheit seiner anwesenden Mitglieder (Art. 16 III EUV). Jeder Staat hat hierbei eine Stimme. *93*

Nach dem Vertrag von Lissabon gilt ab dem Jahr 2014 in den Fällen der qualifizierten Mehrheit das Erfordernis einer sog. doppelten Mehrheit: 55 % aller Mitgliedstaaten, jedoch mindestens fünfzehn Mitgliedstaaten, die gleichzeitig mindestens 65 % der Bevölkerung repräsentieren; bis zum Jahr 2017 kann jedoch jedes Ratsmitglied beantragen, dass weiterhin die Abstimmungsregeln von Nizza gelten.

Der Schlüssel der Stimmengewichtung orientiert sich zwar somit auch an den unterschiedlichen **Bevölkerungszahlen** der Mitgliedstaaten, führt dabei aber keineswegs zu einem völlig proportionalen Ausgleich. Die sog. kleinen Staaten sind weiterhin gewichtiger berücksichtigt als die sog. großen.

---

109 Vgl. Art. 23 VI GG i.V.m. § 6 II des Gesetzes über die Zusammenarbeit von Bund und Ländern in Angelegenheiten der EU.

110 Vgl. auch Art. 3 GO des Rates.

Einstimmigkeit

b) In einzelnen Fällen sieht der Vertrag für die Beschlussfassung die Einstimmigkeit im Rat vor. Die Stimmenthaltung teilnehmender Mitgliedstaaten ist gemäß Art. 235 I UA 3 AEUV für das Zustandekommen eines Beschlusses unschädlich.

Einstimmigkeit ist insbesondere in recht sensiblen Politikbereichen (Art. 108 III UA 3, 113, 115 AEUV) und in den Fällen vorgesehen, in denen der Rat Befugnisse verliehen bekommt, die vertragsändernden (Art. 244, 252 I S. 2, 257 IV AEUV) bzw. vertragsergänzenden (Art. 352 I AEUV) Charakter haben.

E) Die Kommission

I. Aufgaben und Befugnisse

Motor der Union

a) Die Kommission ist der **„Motor der Union"**. Ihr obliegt ganz überwiegend die Rechtsetzungsinitiative. Man spricht insoweit sogar vom **Initiativmonopol** der Kommission.[111] 95

Sie hat es damit in der Hand, Zeitpunkt, Inhalt, Art, Form und Dichte der Rechtsetzungsprojekte festzulegen. Mit dieser Gestaltungsfreiheit korrespondiert die Verpflichtung, Anregungen anderer Organe für neue Rechtsetzungsinitiativen aktiv aufzugreifen (Art. 135, 225, 241 AEUV).

Exekutive der Union

b) Die Kommission ist die **„Exekutive der Union"**. Soweit der Union **Vollzugsrechte** eingeräumt worden sind, liegen die Befugnisse hierfür bei der Kommission. Zudem wird sie regelmäßig zur Durchführung[112] der vom Rat erlassenen Rechtsakte ermächtigt, Art. 17 I S. 5 EUV.

Hüterin der Verträge

c) Die Kommission ist die **„Hüterin der Verträge"**. Sie führt Aufsicht über die Vertragserfüllung durch die Mitgliedstaaten. Insbesondere steht ihr die Aufsichtsklage (Art. 258 AEUV) zur Verfügung.

II. Zusammensetzung

Der Kommission gehört neben dem Präsidenten und dem Hohen Vertreter der Union für die Außen- und Sicherheitspolitik ein Staatsangehöriger jedes Mitgliedstaates an, Art. 17 IV EUV. Ab dem 01. November 2014 wird die Kommission verkleinert und besteht aus einer Anzahl von Mitgliedern, die zwei Dritteln der Zahl der Mitgliedstaaten entspricht, sofern der Europäische Rat nicht einstimmig eine Änderung dieser Anzahl beschließt, vgl. Art. 17 V UA 1 EUV.

---

[111] Vgl. **Hemmer/Wüst, Europarecht, Rn. 146**.

[112] Hierzu zählt insbes. auch der Erlass von sog. „Durchführungsverordnungen".

Dabei findet ein gleichberechtigtes Rotationsverfahren unter den Voraussetzungen der Art. 17 V UA 2 EUV, Art. 244 AEUV Anwendung, dessen Einzelheiten der Rat einstimmig festzulegen hat. Die Mitglieder müssen alle die Staatsangehörigkeit eines Mitgliedstaates besitzen, Art. 17 IV, V UA 2 EUV. 96

Der Präsident der Kommission wird nach Art. 17 VII UA 1 EUV vom europäischen Parlament auf Vorschlag des Europäischen Rates gewählt. Der Rat nimmt danach im Einvernehmen mit dem Präsidenten die Liste der übrigen Kommissionsmitglieder an, Art. 17 VII UA 2 EUV. Diese müssen sich dann dem Zustimmungsvotum des Parlaments stellen, Art. 17 VII UA 3 EUV.

III. Beschlussfassung

Die Kommission fasst Beschlüsse mit der Mehrheit ihrer Mitglieder, Art. 250 I AEUV. 97

F) Der Gerichtshof der Europäischen Union

Dem Gerichtshof der Europäischen Union obliegt gemäß Art. 19 I UA 1 EUV die Wahrung des Rechts der Union. 98

Dem EuGH kommt das Monopol zu hinsichtlich

- der verbindlichen Auslegung des Rechts,
- der Rechtsfortbildung sowie
- der Verwerfung ungültigen Unionsrechts.

Zusammensetzung

Der Gerichtshof der Europäischen Union setzt sich aus dem Gerichtshof (früher EuGH), dem Gericht (früher Gericht erster Instanz) und den Fachgerichten zusammen, vgl. Art. 19 I EUV.

EuGH

a) Der Gerichtshof besteht aus je einem Richter aus jedem Mitgliedstaat und acht Generalanwälten (Art. 19 II EUV, Art. 252 I AEUV), die jede Gewähr für Unabhängigkeit bieten und in ihrem Staat (nicht notwendig ein Mitgliedstaat!) die für die höchstrichterlichen Ämter erforderlichen Voraussetzungen erfüllen oder Juristen von anerkannt hervorragender Befähigung sein müssen (Art. 253 AEUV). Sie werden von den Regierungen der Mitgliedstaaten im gegenseitigen Einvernehmen auf sechs Jahre ernannt. 99

EuG

b) Das Gericht (erster Instanz) besteht z.Zt. aus fünfzehn Mitgliedern (Art. 254 I S. 1 AEUV i.V.m. Art. 48 Satzung-EuGH). 100

zuständig für Individualklagen

Das Gericht ist für alle Klagen gem. Art. 263, 265, 268, 270 und 272 AEUV in erster Instanz zuständig (vgl. Art. 256 AEUV). Für diese Entscheidungen fungiert der Gerichtshof selbst als Rechtsmittelinstanz. Eine erstinstanzliche Zuständigkeit des Gerichtshofs für die genannten Klagen ist gem. Art. 256 I UA 1 S. 1 AEUV a.E. nur für die in Art. 51 Satzung-EuGH bestimmten Fälle vorgesehen. Erstinstanzlich ist der Gerichtshof demnach v.a. für die Vorabentscheidungsverfahren nach Art. 267 AEUV zuständig.

G) Der Rechnungshof

Rechnungsprüfung

Gemäß Art. 285 AEUV hat die Union einen Rechnungshof, der die **Rechnungsprüfung** in der Union wahrnimmt. Seine Mitglieder müssen jede Gewähr für Unabhängigkeit bieten, Art. 286 I S. 2 AEUV. 101

H) Der Wirtschafts- und Sozialausschuss

Beratungsfunktion

Als eines der Nebenorgane, die **bei der Rechtsetzung beratend tätig** werden (vgl. Art. 300 I AEUV), wurde gemäß Art. 300, 301 AEUV der Wirtschafts- und Sozialausschuss (WSA) errichtet. 102

222 Mitglieder

Seine Mitglieder setzen sich aus verschiedenen **Gruppen des wirtschaftlichen und sozialen Lebens** (Art. 300 II, 301 AEUV) zusammen. Sie werden vom Rat für jeweils fünf Jahre ernannt, vgl. Art. 302 I AEUV.

I) Der Ausschuss der Regionen

Beratungsfunktion

Mit dem Maastrichter Vertrag wurde der Ausschuss der Regionen (AdR) als weiteres Nebenorgan geschaffen. Dieser ist nun in Art. 300 III AEUV geregelt. Auch der AdR wird **beratend bei der Rechtsetzung** tätig. 103

Die Mitglieder des AdR werden vom Rat für fünf Jahre ernannt, vgl. Art. 305 III S. 1 AEUV. Dabei handelt es sich um **Vertreter der regionalen und lokalen Gebietskörperschaften**.

§ 6 RECHTSETZUNG IN DER UNION

A) Allgemeines

Erlass von Rechtsetzungsakten

Der Begriff der „Rechtsetzung“ umfasst den Erlass von verbind- 104
lichen, außenwirksamen Rechtsakten mit allgemeiner Geltung (**Rechtsetzungsakte**).[113]

Prinzip der begrenzten Ermächtigung

Nach dem Prinzip der begrenzten Ermächtigung hat die Union grundsätzlich nur dann eine Rechtsetzungskompetenz, wenn das Primärrecht diese vorsieht, Art. 5 EUV.[114] Nur das in der konkreten Einzelermächtigung vorgesehene Organ darf in dem vorgesehenen Verfahren die vorgesehenen Rechtsakte mit der vorgesehenen Regelungsreichweite erlassen.

B) Ermächtigungsgrundlage

Verbandskompetenz

Jede Rechtsetzung bedarf also einer Ermächtigungsgrundlage, 105
die der Union die entsprechende Verbandskompetenz verleiht.

I. Kompetenzarten

Das Unionsrecht unterscheidet drei Arten der Rechtsetzungs- 106
kompetenz:

- ausschließliche Rechtsetzungskompetenz, Art. 2 I AEUV,
- geteilte Rechtsetzungskompetenz, Art. 2 II AEUV, und
- unterstützende Rechtsetzungskompetenz, Art. 2 V AEUV.

ausschließlich

a) Das Bestehen einer ausschließlichen Zuständigkeit bedeutet, 107
dass die Union allein zuständig sein soll und die Mitgliedstaaten grundsätzlich nicht (mehr) zum Handeln befugt sind. Die bloße Existenz der Kompetenz, d.h. bereits die Kompetenz als solche, begründet das Verbot der Ausübung der entsprechenden nationalen Kompetenz. Die Mitgliedstaaten dürfen nur tätig werden, soweit sie von Union hierzu ermächtigt werden, Art. 5 I AEUV.

Die Bereiche der ausschließlichen Zuständigkeit sind in Art. 3 AEUV aufgezählt.

---

113 Vgl. EuGH, Urt. v. 29.06.1993, Rs. C-298/89, Gibraltar, Tz. 15, Slg. 1993, I-3605 - 3657.

114 EuGH, Rs. 188-190/80, Frankreich u.a./Kommission, Slg. 1982, 2545 (2573).

geteilte Zuständigkeit

b) Im Bereich der geteilten Kompetenz dürfen die Mitgliedstaaten nicht mehr rechtsetzend tätig werden, soweit die Union einen Bereich abschließend geregelt hat. Die Rechtsetzungskompetenz der Mitgliedstaaten ist subsidiär, vgl. Art. 2 II AEUV. 108

Die geteilte Zuständigkeit stellt den Regelfall der Rechtsetzungskompetenzen dar, vgl. Art. 4 I, II AEUV.[115]

Unterstützende Zuständigkeit

c) Bei der unterstützenden Zuständigkeit wird kein Verbot nationaler Rechtsetzungsakte begründet, vgl. Art. 2 V AEUV. In diesem Bereich wird die Union nur zur Ergänzung und Harmonisierung tätig. 109

hemmer-Methode: Hinsichtlich der Verbandskompetenzverteilung ist es aus der Sicht der Union also zunächst egal, um welche Art der Rechtsetzungskompetenz es sich handelt. Sie hat in jedem Falle die Rechtsetzungskompetenz inne. 110
Relevant ist diese Unterscheidung jedoch hinsichtlich der Kompetenzausübung. Die Union hat das Subsidiaritätsprinzip zu beachten - jedoch nur im Bereich nichtausschließlicher (konkurrierender bzw. unterstützender) Kompetenzen. Im Bereich ausschließlicher Kompetenz kommt dieses Prinzip dagegen nicht zum Tragen, Art. 5 III EUV.

II. Konkurrenz der Ermächtigungsgrundlagen

Die verschiedenen Rechtsetzungskompetenzen des Unionsrechts können sich hinsichtlich der Sachmaterie, deren Regelung sie erlauben, überschneiden. 111

In diesem Falle erfolgt die Auswahl der richtigen Ermächtigungsgrundlage - soweit ein Vorrang sich nicht bereits aus dem Wortlaut ergibt - unter dem Gesichtspunkt der Rechtssicherheit und dem Gedanken, jeder Kompetenznorm einen Anwendungsbereich eigenen Zuschnitts zuzuweisen.[116]

C) Rechtsetzungsverfahren

I. Allgemeines

hemmer-Methode: Die Examensrelevanz des Rechtsetzungsverfahrens ist im Pflichtfachbereich eher gering.

---

115 **Hemmer/Wüst, Europarecht, Rn. 187.**

116 EuGH, Urt. v. 25.02.1999, Rs. C 164-165/97, BayVBl. 1999, 688 - 690.

Initiative durch die Kommission

Bezeichnend für die Rechtsetzung ist das **Initiativmonopol** der Kommission. Ohne einen Vorschlag der Kommission darf ein Rechtsakt grundsätzlich nicht erlassen werden, vgl. Art. 17 II EUV Änderungen eines solchen Vorschlages darf der Rat nur einstimmig beschließen (Art. 293 I AEUV). Zudem kann die Kommission ihren Vorschlag, solange der Rat den Rechtsakt noch nicht beschlossen hat, ändern oder darüber hinaus auch ganz zurückziehen (Art. 293 II AEUV). 112

Zu diesem Initiativmonopol bestehen zwei Ausnahmen:

Zum einen in der justiziellen Zusammenarbeit in Strafsachen und der Polizeilichen Zusammenarbeit (hier ist das Initiativrecht zwischen Kommission (vgl. Art. 76 lit. a AEUV) und Mitgliedstaaten (auf Initiative eines Viertels der Mitgliedstaaten, vgl. Art. 76 lit. b AEUV) geteilt. Zum anderen steht in der gemeinsamen Außen- und Sicherheitspolitik das Initiativrecht dem sog. Hohen Vertreter der EU für Außen- und Sicherheitspolitik sowie den Mitgliedstaaten zu, vgl. Art. 30 I EUV.

Beschluss durch den Rat

Sodann beschließt der Rat den Rechtsakt mit der jeweils vorgeschriebenen Mehrheit unter Beachtung der Beschlussvorschriften des Art. 238 AEUV. 113

I.R.d. Art. 238 AEUV sind dabei die durch den Vertrag von Lissabon veränderten notwendigen Mehrheiten zu beachten, vgl. bereits Rn. 93.

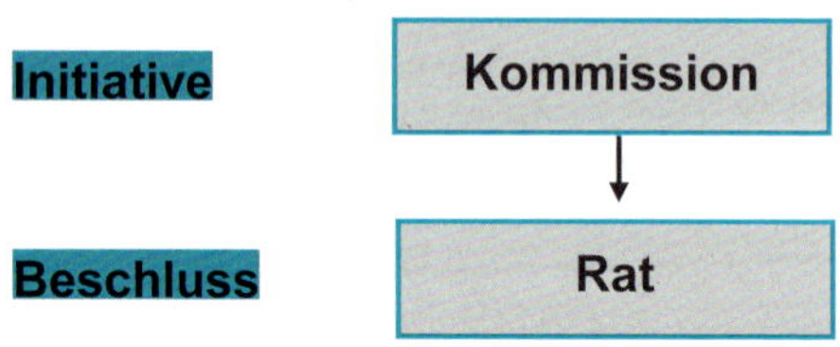

Jedoch beschränkt sich das Rechtsetzungsverfahren nur noch sehr selten (z.B. Art. 98, 240 III, IV AEUV) auf die Initiative durch die Kommission und den Beschluss durch den Rat.

Stattdessen sieht der AEUV vielfältige Möglichkeiten vor, auch andere Organe am Zustandekommen des Rechtsaktes zu beteiligen. Das wichtigste Verfahren ist das Verfahren der Mitentscheidung, das nach Art. 289 AEUV nunmehr das ordentliche Gesetzgebungsverfahren der Union darstellt. 114

hemmer-Methode: Dies ist eine weitere wichtige Änderung durch den Lissabon-Vertrag, da vorher die Mitentscheidung des Parlaments gerade nicht der Regelfall war. Durch die Einführung des Art. 289 AEUV als ordentliches Gesetzgebungsverfahren wurde ein Teil des sog. Demokratiedefizits auf europäischer Ebene beseitigt, da nunmehr das Parlament als einzig unmittelbar vom Volk gewähltes und damit demokratisch legitimiertes Organ vollwertig am Gesetzgebungsverfahren beteiligt wird.

II. Das ordentliche Gesetzgebungsverfahren

Art. 294 AEUV

Das ordentliche Gesetzgebungsverfahren (damals noch das sog. Mitentscheidungsverfahren) wurde 1993 durch den Maastrichter Vertrag in den EG-Vertrag eingeführt und durch den Amsterdamer Vertrag zum Standardrechtsetzungsverfahren weiterentwickelt. Es ist in Art. 289, 294 AEUV geregelt. 115

Veto- und Gestaltungsrecht

In diesem Verfahren kann der Rat einen Rechtsakt nur mit Zustimmung des EP erlassen. Zudem kann das Europäische Parlament inhaltliche Änderungen einbringen.

EP = zweite Kammer

Der Rechtsakt wird vom Europäischen Parlament und vom Rat gemeinsam beschlossen. Das EP agiert also wie eine „echte" zweite Kammer.

III. Die Anhörungsverfahren

Anhörung anderer Organe

Häufig sehen die Ermächtigungsgrundlagen nach der Initiative durch die Kommission und vor dem Beschluss durch den Rat statt des ordentlichen Gesetzgebungsverfahrens zusätzlich die **Anhörung** eines oder mehrerer anderer Organe (WSA, AdR, EZB) vor, vgl. z.B. Art. 157 III, 166 IV, 168 V AEUV. 116

hemmer-Methode: Die Anhörung tritt meist neben und nicht an die Stelle des ordentlichen Gesetzgebungsverfahrens, sodass weiterhin Rat und Parlament dem Entwurf zustimmen müssen. Teilweise wird aber auch die Beteiligung des Parlaments auf eine Anhörung reduziert, hier entscheidet dann alleine der Rat, vgl. z.B. Art. 89 S. 2 AEUV.

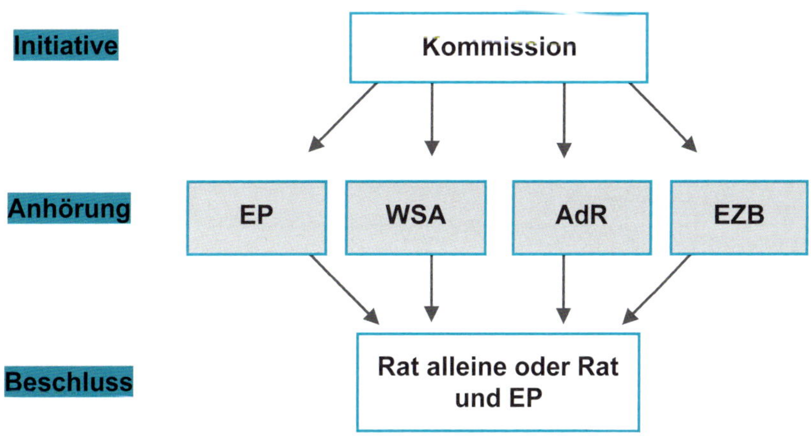

Anhörungsrecht

Die betreffenden Organe haben das primärrechtliche Recht, vom Rat angehört zu werden. Dieses Recht können sie gegebenenfalls gegenüber dem Rat auch gerichtlich vor dem EuGH im Wege der Nichtigkeitsklage einklagen. 116 a

Anhörungspflicht

Mit dem Anhörungsrecht dieser Organe korrespondiert die Anhörungspflicht des Rates. Ein Verstoß dagegen führt zur Nichtigkeit des erlassenen Rechtsaktes.[117]

Äußerungsmöglichkeit ausreichend

Allerdings reicht es aus, wenn der Rat den Organen die **Möglichkeit der Äußerung** einräumt. Diese können also nicht durch bewusste Nichtäußerung den Erlass des Rechtsaktes verhindern.

Hört der Rat dagegen ein Organ an, dessen Anhörung nicht vorgesehen ist, so ist dies unschädlich.

Vetorecht (-), Gestaltungsmöglichkeit (-)

Der Rat ist an die Meinung der angehörten Organe nicht gebunden. Diese besitzen also weder ein Vetorecht noch können sie Einfluss auf den Inhalt des Rechtsaktes nehmen.

D) Formerfordernisse

I. Bezeichnung

Die Rechtsakte sollen (und werden i.d.R.) entsprechend ihres Charakters als Verordnung, Richtlinie, Beschluss oder Empfehlung gekennzeichnet. 117

keine Bezeichnungspflicht

Eine Pflicht zur näheren Bezeichnung der erlassenen Rechtsakte besteht jedoch nicht.[118] So stellen weder das völlige Fehlen der Bezeichnung noch eine unzutreffende Bezeichnung einen Nichtigkeitsgrund i.S.d. Art. 263 AEUV dar.

Bezeichnung nicht konstitutiv

Die Bezeichnung als solche ist auch nicht konstitutiv für den Rechtscharakter. Die rechtliche Qualifizierung erfolgt allein aus dem materiellen Gehalt.[119]

II. Begründung

Begründungspflicht

Gemäß **Art. 296 II AEUV** sind Verordnungen, Richtlinien und Beschlüsse mit Gründen zu versehen, wobei auf die vorangegangenen Vorschläge und Stellungnahmen Bezug genommen werden kann. 118

---

117 EuGH, Urt. v. 29.10.1980, Rs. 138/79, Roquette Frères/Ratt, Tz. 33, Slg. 1980, 3333 - 3391.

118 EuGH, Urt. v. 05.12.1963, Rs. 28/63, Slg. 1963, 497 (510).

119 EuGH, Urt. v. 13.07.1961, Rs. 22-23/60, Elz/Hohe Behörde, Slg. 1961, 389 (408).

Umfang

Die Begründung muss die Beweggründe zum Erlass des Rechtsaktes erkennen lassen.[120] Der dazu erforderliche Umfang der Darlegungen lässt sich nicht allgemein festlegen, sondern richtet sich nach den jeweiligen konkreten Bedingungen.[121]

Angabe der Ermächtigungsgrundlage notw.

Insbesondere muss aber in jedem Fall die gewählte Ermächtigungsgrundlage angegeben werden oder zumindest aus dem Rechtsakt heraus bestimmbar sein.[122] Im Bereich der nicht ausschließlichen Kompetenz umfasst die Begründungspflicht auch das Subsidiaritätsprinzip des Art. 5 III EUV.[123]

III. Veröffentlichung/Bekanntgabe und Inkrafttreten

Veröffentlichung, Bekanntgabe und Inkrafttreten von Rechtsakten sind in **Art. 297 AEUV** festgelegt. 119

Veröffentlichungspflicht

a) Verordnungen, Richtlinien und Beschlüsse, die im ordentlichen Gesetzgebungsverfahren erlassen worden sind, werden **im Amtsblatt der Union veröffentlicht**. Das Gleiche gilt für alle sonstigen Verordnungen und für sonstige Richtlinien, die an alle Mitgliedsstaaten ergangen sind.

Inkrafttreten

Sie treten zu dem durch sie festgelegten Zeitpunkt oder 20 Tage nach Veröffentlichung in Kraft.

Bekanntgabe

b) Alle anderen Richtlinien und sonstigen Beschlüsse werden den Adressaten bekannt gegeben. Sie werden durch die Bekanntgabe wirksam.

---

120 EuGH, Urt. v. 21.11.1991, Rs C-269/90, EuZW 1992, 90 - 91.

121 Vgl. EuGH, Urt. v. 01.12.1965, Rs. 16/65, Schwarze, Slg. 1965, 1151 (1167).

122 EuGH Urt. v. 26.03.1987, Rs. 45/86, Kommission/Rat, Tz. 9, Slg. 1987, 1493.

123 Nr. 4 des Subsidiaritätsprotokolls (Protokoll Nr. 7 zum Amsterdamer Vertrag).

§ 7 VOLLZUG IN DER UNION

A) Allgemeines

Vollzug = Ausführung = Durchführung

Der Begriff des „Vollzuges" lässt sich am besten negativ in Abgrenzung zur Rechtsetzung und Rechtsprechung in der Union definieren. Vollzug umfasst danach **alles hoheitliche Handeln in der Union**, das in Ausführung des Unionsrechts erfolgt (**unionsrechtlich determiniert**) und nicht bereits unter **Rechtsetzung** oder **Rechtsprechung** gefasst wird. 120

Neben der Bezeichnung „Vollzug" sind hierfür auch die Begriffe „Ausführung" oder „Durchführung" gebräuchlich.

Hoheitlich tätig in Ausführung des Unionsrechts werden sowohl die Unionsorgane als auch die Mitgliedstaaten. Dementsprechend unterscheidet man zwei grundlegend verschiedene Formen des Vollzuges - den **direkten** und den **indirekten** Vollzug. 121

direkter Vollzug

Soweit die **Unionsorgane** selbst das Unionsrecht ausführen, spricht man vom Unionseigenen bzw. **direkten Vollzug**.

indirekter Vollzug

Soweit das Unionsrecht von den **Mitgliedstaaten** ausgeführt wird, spricht man vom mitgliedstaatlichen bzw. **indirekten Vollzug**.

B) Unionseigener (direkter) Vollzug

Prinzip der begrenzten Ermächtigung

Nach dem Prinzip der begrenzten Ermächtigung bedürfen die Organe der Union auch für Vollzugstätigkeiten ausdrücklicher oder impliziter Ermächtigungen. Entsprechende Ermächtigungsgrundlagen sind jedoch nur vereinzelt vorhanden. 122

interner Vollzug

a) Der unionseigene Vollzug beschränkt sich deshalb vor allem auf den sog. unionsinternen Bereich. Aus der Organisationsgewalt der Unionsorgane folgt nämlich auch ihre Ermächtigung, das Organisationsrecht selbst zu vollziehen. 123

externer Vollzug

b) Im unionsexternen Bereich wird das Unionsrecht dagegen nur ausnahmsweise durch die Union selbst vollzogen. 124

Insbesondere im Bereich der **Wettbewerbspolitik** wird die Kommission selbst auf Grundlage von Art. 103 II lit. d, 105, 108 AEUV vollziehend tätig.

Anwendung von Unionsrecht

Die Unionsorgane wenden beim Vollzug des Unionsrechts (natürlich) das einschlägige **unionsrechtliche Verfahrensrecht** an. Da dies jedoch in nur sehr geringem Maße kodifiziert ist, müssen die Unionsorgane sich vielfach auf ungeschriebene **allgemeine Rechtsgrundsätze** stützen.

Beschluss

Typische Handlungsform ist der **Beschluss** gemäß Art. 288 IV AEUV, der dann wiederum Gegenstand einer Nichtigkeitsklage nach Art. 263 AEUV sein kann.

Unterstützung durch die MS

Die Unionsorgane werden beim Vollzug in den Mitgliedstaaten von den entsprechenden innerstaatlichen Stellen unterstützt. Diese Rechtspflicht der Mitgliedstaaten folgt aus dem Prinzip der Unionstreue gemäß Art. 291 I AEUV.

C) Mitgliedstaatlicher (indirekter) Vollzug

Regelfall

Zumeist wird das Unionsrecht im unionsexternen Bereich - mangels Ermächtigung an die Unionsorgane - durch die Mitgliedstaaten selbst vollzogen. Der indirekte Vollzug stellt dadurch praktisch den **Regelfall des Vollzugs** in der Union dar. 125

I. Prinzip der institutionellen Eigenständigkeit der Mitgliedstaaten

Grundsatz

Beim Vollzug des Unionsrechts gehen die Mitgliedstaaten grundsätzlich nach den formellen und materiellen Bestimmungen ihres nationalen Rechts vor.[124] Man spricht vom **Prinzip der institutionellen Eigenständigkeit der Mitgliedstaaten**. 126

Dabei kommt es zwischen den Mitgliedstaaten zu Unterschieden. Solche Unterschiede sind in einer Staatengemeinschaft durchaus gewollt.

Handlungsform

a) Es obliegt grundsätzlich dem Recht der Mitgliedstaaten, festzulegen, in welcher Form und mit welchen Mitteln sie das Unionsrecht vollziehen.

So wird evtl. in einem Mitgliedstaat ein Gesetz erlassen, während in einem anderen Mitgliedstaat eine Rechtsverordnung ergeht und wieder woanders vielleicht zudem eine richterliche Anordnung.

Zuständigkeit

b) Erst recht richtet sich nach nationalem Recht, welche innerstaatliche Stelle **zuständig** ist.

Für Deutschland hat dies die Konsequenz, dass es der nationalen Verfassungsrechtsordnung überlassen bleibt, ob der Vollzug durch Bundes-, Landes- oder kommunale Stellen erfolgt.

Verfahren

c) Auch das anzuwendende **Verfahrensrecht** richtet sich grundsätzlich nach nationalem Recht.

---

124 EuGH, Urt. v. 21.09.1983, verb. Rs. 205-215/82, Milchkontor, Tz. 17, Slg. 1983, 2633.

II. Unionsrechtliche Vollzugsvorgaben

Ausnahmen

Das Unionsrecht setzt den Mitgliedstaaten lediglich allgemeine 127
oder besondere Eckwerte, um die Vielfalt mitgliedstaatlicher Vollzugsregeln mit den Erfordernissen der einheitlichen Anwendung des Unionsrechts in Einklang zu bringen.[125]

So soll die reale Verwirklichung der „Rechtsunion" trotz der Eigenständigkeit der Mitgliedstaaten gewahrt bleiben.

a) Vereinzelt schreibt das Unionsrecht den innerstaatlichen Behörden ausdrücklich das anzuwendende Verfahrensrecht vor, weil anderenfalls die einheitliche Anwendung des Unionsrechts nicht ausreichend sichergestellt wäre.

Effizienzgebot

b) Stets jedoch haben die Mitgliedstaaten beim Vollzug des Unionsrechts das **Effizienzgebot** der Art. 4 III EUV, Art. 291 I AEUV zu beachten. So darf der Eintritt des durch das Unionsrecht bezweckten Erfolges nicht praktisch unmöglich gemacht oder übermäßig erschwert werden.[126]

hemmer-Methode: Eine Konsequenz dieses Effizienzgebotes ist, dass deutsche Behörde bei Erlass eines VAs auf Grundlage einer EU-VO grds. gezwungen sind, nach § 80 II S. 1 Nr. 4 VwGO den Sofortvollzug anzuordnen! Hintergrund ist die Einheitlichkeit des Vollzugs der Verordnung in der ganzen EU. Alle nationalen Behörden sollen entsprechend Art. 278, 279 AEUV, die die aufschiebende Wirkung bzw. den Sofortvollzug bei Klagen zum EuGH regeln, den Sofortvollzug zum Normalfall, die aufschiebende Wirkung zum Ausnahmefall machen. Das VG darf infolgedessen einem Eilantrag nach § 80 V S. 1 VwGO nur ausnahmsweise stattgeben, nämlich dann, wenn schwere, irreversible Folgen durch den Vollzug drohen, und das Unionsrecht hierdurch nicht völlig leerläuft.[127]

Diskriminierungsverbot

c) Zudem ist das nationale Recht beim unionsrechtlichen Vollzug im Vergleich zu Verfahren, in denen über gleichartige rein nationale Sachverhalte entschieden wird, ohne Diskriminierung anzuwenden (**Diskriminierungsverbot**).[128] Strittig ist hier allein die Herleitung: Während zum Teil Art. 18 AEUV herangezogen wird, stellt der EuGH wohl auf Art. 4 III EUV, Art. 291 AEUV ab.

[125] EuGH, Urt. v. 21.09.1983, verb. Rs. 205-215/82, Milchkontor, Tz. 17, Slg. 1983, 2633.

[126] EuGH, Urt. v. 21.09.1983, verb. Rs. 205-215/82, Milchkontor, Tz. 19, Slg. 1983, 2633; EuGH, Rs. C-128/89, Kommission/Italien, Slg. 1990, I-3239 - 3264 (I-3262 f.).

[127] Ausführlich **Hemmer/Wüst, Europarecht, Rn. 366 ff.**

[128] EuGH, Urt. v. 21.09.1983, verb. Rs. 205-215/82, Milchkontor, Tz. 19, Slg. 1983, 2633.

ARG

d) Daneben sind die Mitgliedstaaten auch an die einschlägigen allgemeinen Rechtsgrundsätze, insbesondere an die Rechtsstaatsprinzipien (z.B. Vertrauensschutz und Rechtssicherheit)[129] und an die Unionsgrundrechte gebunden, vgl. Art. 51 EU-Grundrechtecharta.

III. Unmittelbarer und mittelbarer mitgliedsstaatlicher Vollzug

Häufig wird zudem zwischen unmittelbarem und mittelbarem Vollzug unterschieden. *128*

unmittelbarer Vollzug

a) Werden innerstaatliche Stellen unmittelbar auf Grundlage einer Norm des Unionsrechts tätig, so spricht man vom **unmittelbaren Vollzug**. *129*

Beispiele:

- Erlass eines Gesetzes durch ein Parlament zur Umsetzung einer Richtlinie;
- Erlass einer RVO durch einen Bundesminister aufgrund eines an Deutschland ergangenen Beschlusses;
- Erlass eines VA durch eine Behörde aufgrund einer einschlägigen Unions-VO
- Erlass eines Urteils durch ein Gericht in unmittelbarer Anwendung einer (zuvor nicht ordnungsgemäß umgesetzten, vollzugsfähigen) Richtlinie;
- Zuspruch des Schadensersatzanspruchs aufgrund unionsrechtlicher Amtshaftung des Mitgliedstaates durch ein Gericht.

mittelbarer Vollzug

b) Stützt eine innerstaatliche Stelle ihr Handeln dagegen auf eine nationale Norm, die ihrerseits als Vollzugsakt des Unionsrechts erlassen worden ist, spricht man vom **mittelbaren Vollzug**. *130*

Beispiele:

- Erteilung einer Aufenthaltsgenehmigung durch eine Behörde auf Grundlage des AufenthG/EWG, das zuvor zur Umsetzung (u.a.) der Richtlinie 73/148/EWG erlassen worden ist

[129] EuGH, Urt. v. 21.09.1983, verb. Rs. 205-215/82, Milchkontor, Tz. 30, Slg. 1983, 2633.

- Gewährung einer Beihilfe aufgrund einer RVO, die der Bundesminister infolge eines an Deutschland ergangenen Beschlusses erlassen hat

- Erlass eines Verwaltungsaktes, der seine Grundlage in einem Richtlinienumsetzungsgesetz hat.

mitgliedstaatlicher (indirekter) Vollzug

Unmittelbarer Vollzug
= Norm des UnionsR als Handlungsgrundlage

Mittelbarer Vollzug
= Norm des NatR als Handlungsgrundlage

Unterscheidung lediglich innerstaatlich relevant

c) Die Unterscheidung zwischen unmittelbarem und mittelbarem Vollzug hat allenfalls innerstaatliche Bedeutung, weil sich 131
daraus **unterschiedliche nationale Regelungen** ergeben könnten.

So stellt das deutsche Verfassungsrecht mit **Art. 83 ff. GG** nur eine Kompetenzverteilungsregel zwischen Bund und Ländern hinsichtlich der **Ausführung deutscher Bundesgesetze** zur Verfügung. Für Verwaltungshandeln i.R.d. unmittelbaren Vollzugs, also in unmittelbarer **Ausführung unionsrechtlicher Normen** können diese Regeln deshalb **nur analog** angewandt werden (h.M.).

Unterscheidung unionsrechtlich irrelevant

Aus unionsrechtlicher Sicht ist diese Unterscheidung jedoch **irrelevant**. Durch die institutionelle Eigenständigkeit der Mitgliedstaaten kann es hier ohnehin zu Unterschieden kommen - während ein Mitgliedstaat eine Unionsrechtsnorm in unmittelbarem Vollzug ausführt, erfolgt dies woanders möglicherweise in mittelbarem Vollzug. Hinsichtlich der Vollzugsvorgaben kann - im Interesse einheitlicher Rechtsanwendung - darauf keine Rücksicht genommen werden.

§ 8 RECHTSSCHUTZ IN DER UNION

A) Allgemeines

Aufgabe des EuGH

Die Aufgabe der Wahrung des Rechts bei der Auslegung und 132
Anwendung der Verträge obliegt gemäß Art. 19 I EUV dem Gerichtshof der Europäischen Union, d.h. dem Gerichtshof, dem Gericht und den Fachgerichten.

Zuständigkeitsabgrenzung

Die Zuständigkeiten zwischen Gerichtshof (vormals EuGH) und dem Gericht (vormals EuG) werden nach Art. 256 AEUV abgegrenzt.[130]

Unionsrechtsweg

Ob für ein bestimmtes Rechtsschutzbegehren der Schutz durch 133
die Unionsgerichtsbarkeit gewährt wird, richtet sich nicht nach einer Generalklausel sondern nach dem in den Verträgen aufgeführten **Katalog einzelner Klagearten**. Der Unionsrechtsweg ist grundsätzlich nur eröffnet, wenn hierfür eine Verfahrensart vorgesehen ist.

Die wichtigsten Verfahrensarten sind

Verfahrensarten

- das Vertragsverletzungsverfahren (Art. 258, 259 AEUV),
- die Nichtigkeitsklage (Art. 263 AEUV),
- die Untätigkeitsklage (Art. 265 AEUV),
- die Amtshaftungsklage (Art. 268 AEUV),
- das Vorabentscheidungsverfahren (Art. 267 AEUV).

Die Verfahren haben sowohl verfassungs- als auch verwaltungsrechtliche Qualität.

Sie bilden im Unterschied zur deutschen Verwaltungsgerichtsbarkeit kein geschlossenes System effektiven Rechtsschutzes. So gibt es z.B. nicht die Möglichkeit, als Individuum einen Mitgliedstaat wegen unionsrechtswidrigen Handelns vor dem Gerichtshof der Europäischen Union zu verklagen. Ebenso wenig gibt es eine Verpflichtungsklage i.S.d. deutschen Verwaltungsrechts. Insbesondere kann die Untätigkeitsklage nach Art. 265 AEUV nicht mit der Verpflichtungsklage gleichgestellt werden, da der typische Fall der Verpflichtungsklage - die Versagungsgegenklage - unter Art. 263 AEUV fällt!

---

[130] Vgl. oben Rn. 99 f.

Nur in ganz vereinzelten Ausnahmefällen ist der Gerichtshof der Europäischen Union zur Wahrung des Rechts bereit gewesen, auch außerhalb dieses Katalogs Rechtsschutz zu gewähren.[131]

B) Vertragsverletzungsverfahren gemäß Art. 258 AEUV

Das Vertragsverletzungsverfahren gemäß Art. 258 AEUV ermöglicht es der Kommission, durch den Gerichtshof feststellen zu lassen, dass ein Mitgliedstaat gegen Unionsrecht verstoßen hat. Der verurteilte Mitgliedstaat ist dann gemäß Art. 260 I AEUV verpflichtet, sein rechtswidriges Verhalten einzustellen. *134*

I. Zulässigkeit

1. Zuständigkeit

Gemäß Art. 256 I AEUV ist für dieses Vertragsverletzungsverfahren der Gerichtshof zuständig. Eine abdrängende Sonderzuweisung an das Gericht (erster Instanz) besteht nicht. *135*

2. Beteiligtenfähigkeit

aktiv

Aktiv beteiligtenfähig ist gemäß Art. 258 II AEUV **nur** die Kommission. *136*

passiv

Passiv beteiligtenfähig sind die Unions-Mitgliedstaaten. Dies ergibt sich aus der Systematik des Art. 258 I und II AEUV. Wer Mitgliedstaat der Union ist, ergibt sich aus Art. 52 I EUV.

3. Klagegegenstand

rechtserhebliches Verhalten der MS

Hinsichtlich des zulässigen Prüfungsgegenstandes trifft Art. 258 AEUV keine besonderen Einschränkungen. Klagegegenstand kann deshalb jedes rechtserhebliche Verhalten der Mitgliedstaaten sein. Dieses kann sowohl in einem Tun als auch in einem Unterlassen bestehen. *137*

---

131 EuGH, Beschl. v. 13.07.1990, Rs. C-2/88, Imm. Zwartveld, Tz. 23, Slg. 1990, I-3365 - 3375.

4. Klagebefugnis

a) Klagegrund

Zulässiger Klagegrund ist nach dem Wortlaut des Art. 258 I AEUV die **Auffassung** der Kommission, dass das Verhalten des beklagten Mitgliedstaates gegen eine Verpflichtung aus dem Vertrag verstoße. 138

Verpflichtungen aus dem Vertrag sind nicht nur Verpflichtungen, die sich aus den Vorschriften der **Verträge** selbst ergeben, sondern auch solche, die den Mitgliedstaaten durch verbindliche **Rechtshandlungen** der Unionsorgane auferlegt werden oder sich aus dem **ungeschriebenen Unionsrecht** ergeben.

Prüfungsmaßstab

Zulässiger Prüfungsmaßstab ist somit das **gesamte verbindliche Unionsrecht**.

b) Subjektives Rechtsschutzinteresse

Irgendein subjektives Rechtsschutzinteresse muss die Kommission nicht nachweisen. Es handelt sich um ein privilegiertes Klageverfahren. 139

Die Klagebefugnis reduziert sich also auf die Geltendmachung eines zulässigen Klagegrundes.

5. Vorverfahren

zweistufiges Vorverfahren

Die Aufsichtsklage ist nur zulässig, sofern und soweit das Vorverfahren gemäß Art. 258 I AEUV ordnungsgemäß durchgeführt worden ist. Dieses Vorverfahren ist zweistufig. 140

a) Erstes Mahnschreiben

Funktion

Durch das erste Mahnschreiben der Kommission gemäß **Art. 258 I HS 2 AEUV** wird dem Mitgliedstaat erstes rechtliches Gehör gewährt. Es grenzt den Gegenstand des Rechtsstreits ein und liefert dem Mitgliedstaat die notwendigen Angaben zur Vorbereitung seiner Verteidigung.[132] Nachträgliche Erweiterungen des Streitgegenstandes sind weder in tatsächlicher noch in rechtlicher Hinsicht zulässig.[133] 141

---

132 EuGH, Urt. v. 11.07.1984, Rs. 51/83, Tz. 4, Slg. 1984, 2793 (2804).

133 EuGH, NJW 1999, 2356 - 2357.

Es beinhaltet dementsprechend

- die Mitteilung über die Tatsachen, die den Vertragsverstoß begründen sollen,
- die Erklärung über die Einleitung des Verfahrens aufgrund dieser Tatsachen,
- die Aufforderung, sich innerhalb einer bestimmten Frist zu den erhobenen Vorwürfen zu äußern.

Abschluss

Mit **Ablauf der durch die Kommission gesetzten Frist** ist die erste Stufe abgeschlossen.

b) Mit Gründen versehene Stellungnahme

Funktion

Nach Ablauf der Frist hat die Kommission eine mit Gründen versehene Stellungnahme gemäß **Art. 258 I HS 1 AEUV** abzugeben. Sie soll dem Mitgliedstaat (erneut) ermöglichen, einer Klage wegen Vertragsverstoßes durch rechtzeitiges Abstellen des Verhaltens zu entgehen. 142

Sie beinhaltet dementsprechend

- die Darstellung der Tatsachen und Rechtsgründe, in denen die Vertragsverletzung gesehen wird,
- die Aufforderung, innerhalb einer bestimmten Frist die Vertragsverletzung zu beseitigen.

Abschluss

Mit **Ablauf der gesetzten Frist** ist das Vorverfahren abgeschlossen.

Das Vorverfahren begrenzt den Klagegegenstand auf das dort gerügte Verhalten des Mitgliedstaats und die dort als verletzt gerügte unionsrechtliche Norm.

6. Form und Frist

Form

Eine formgerechte Klageerhebung durch die Kommission gemäß Art. 21 S-EuGH und Art. 38 § 1 VerfO-EuGH setzt voraus, dass alle Sachurteilsvoraussetzungen ausreichend dargelegt werden. 143

Frist

An eine Frist zur Klageerhebung ist die Kommission nicht gebunden.

Auch eine Verwirkung des Klagerechts durch überlanges Abwarten seit der Durchführung des Vorverfahrens wird unter Verweis auf die Funktion der Kommission als Hüterin der Verträge und den objektiven Charakter dieses Klageverfahrens von der h.M. abgelehnt.

7. Rechtsschutzbedürfnis

Das Rechtsschutzbedürfnis wird durch das Vorliegen der übrigen Zulässigkeitsvoraussetzungen indiziert. Es kann jedoch ausnahmsweise entfallen, wenn der Mitgliedstaat noch vor Ablauf des Vorverfahrens das vorgeworfene Verhalten abgestellt hat und weder Wiederholungsgefahr noch sonst ein besonderes Feststellungsinteresse besteht.[134] 144

II. Begründetheit

Die Klage der Kommission ist begründet, wenn sie sich gegen den richtigen Klagegegner richtet und wenn das Verhalten des Beklagten gegen verbindliches Unionsrecht verstößt. 145

Passivlegitimation

Passivlegitimiert ist dabei gemäß **Art. 258 II AEUV** der Mitgliedstaat, dem das angegriffene Verhalten zuzurechnen ist.

C) Vertragsverletzungsverfahren gem. Art. 259 AEUV

Gemäß Art. 259 AEUV können Mitgliedstaaten auch von einem anderen Mitgliedstaat auf die Feststellung verklagt werden, gegen Unionsrecht verstoßen zu haben. 146

praktische Relevanz = Null

Das Verfahren ist in der Praxis aus politischen Gründen (Rücksichtnahme gegenüber den anderen Mitgliedstaaten) von sehr untergeordneter Rolle.

D) Nichtigkeitsklage, Art. 263 AEUV

Mit der Nichtigkeitsklage gemäß Art. 263 AEUV können Handlungen der Unionsorgane dem Gerichtshof der Europäischen Union zur Rechtskontrolle vorgelegt werden, damit dieser sie für nichtig erklärt, Art. 264 AEUV. Das verurteilte Organ ist dann gemäß Art. 266 I AEUV verpflichtet, die sich daraus ergebenden Folgemaßnahmen vorzunehmen. 147

---

134 Vgl. **Hemmer/Wüst, Europarecht, Rn. 592**.

I. Zulässigkeit

1. Zuständigkeit

Gemäß Art. 256 AEUV ist für Nichtigkeitsklagen nach Art. 263 AEUV das Gericht zuständig. Ausgenommen sind nach Art. 256 I AEUV i.V.m. Art. 51 S-EuGH Klagen der Mitgliedstaaten und der EU-Organe. Hier ist der Gerichtshof zuständig. 148

2. Beteiligtenfähigkeit

Aktive Beteiligtenfähigkeit besitzen 149

- die Mitgliedstaaten, der Rat und die Kommission (Art. 263 II AEUV),
- das EP, der Rechnungshof und die EZB (Art. 263 III AEUV) sowie
- natürliche und juristische Personen (Art. 263 IV AEUV).

passiv

Verklagt werden können gemäß Art. 263 I AEUV der Rat, die Kommission, die EZB und das Europäische Parlament sowie Rat und Europäisches Parlament gemeinsam.

3. Klagegegenstand

a) Zulässiger Klagegegenstand sind gemäß Art. 263 I AEUV grundsätzlich alle **verbindlichen, Rechtswirkung erzeugenden Handlungen**. Nicht angreifbar sind solche Maßnahmen, denen es 150

- an **Rechtswirkung** (vorbereitende Maßnahmen, Ankündigungen, wiederholende Entscheidungen),
- an **Verbindlichkeit** (Empfehlungen, Stellungnahmen, Meinungsäußerungen, Rechtsauskünfte) oder
- an **Außenwirkung** (verwaltungsinterne Handlungen, Organisationsakte, Dienstanweisungen) fehlt.

Ausnahme: Individualklagen

b) Für Individuen schränkt **Art. 263 IV AEUV** die Klagemöglichkeiten zusätzlich ein. 151

Ob diese Einschränkung bereits auf der Ebene des Klagegegenstandes durchgreift, oder ob **Art. 263 IV AEUV** im Ergebnis lediglich die Voraussetzungen der Klagebefugnis verschärft, ist umstritten. Auch die Rechtsprechung des Gerichtshofs der Europäischen Union dazu ist leider noch unklar.

Handlungen ⇨ individuelle Geltung

(1) Angreifbar sind nach dem Wortlaut des **Art. 263 IV Alt. 1 AEUV** zunächst Handlungen, welche an die Individuen gerichtet sind. 152

Individualnichtigkeitsklagen können damit in erster Linie gegen Beschlüsse i.S.d. Art. 288 IV AEUV gerichtet werden.

Daneben können unter Art. 263 IV Alt. 1 AEUV auch sog. Scheinverordnungen subsumiert werden. Es handelt sich dabei um Rechtsakte mit individueller Geltung (Entscheidungen im technischen Sinne), die lediglich als „Verordnung" bezeichnet wurden. Maßgebliches Abgrenzungskriterium ist ihre **individuelle Geltung** gegenüber der allgemeinen Geltung von Rechtsetzungsakten. 153 - 154

(2) Nach Art. 263 IV Alt. 3 AEUV können Handlungen angegriffen werden, die den Einzelnen unmittelbar und individuell betreffen. Dies können neben Beschlüssen ausnahmsweise auch Rechtsverordnungen sein. Ob eine unmittelbare und individuelle Betroffenheit in diesem Sinne vorliegt, ist allerdings erst in der Klagebefugnis abschließend zu prüfen.[135]

Rechtsetzungsakte ⇨ allgemeine Geltung

(3) Nach Art. 263 IV Alt. 3 AEUV können auch Rechtsakte mit Verordnungscharakter, die den Einzelnen unmittelbar betreffen, Gegenstand einer Individualnichtigkeitsklage sein. 155

echte VO (+)

Unter „Rechtsakten mit Verordnungscharakter" sind nach h.M. lediglich untergesetzliche Normen zu verstehen (solche, die nicht Gegenstand eines Gesetzgebungsverfahrens waren). Nur für diese wird eine Art vereinfachte Normenkontrolle eingeführt. „Echte" Verordnungen im Sinne des Art. 288 II AEUV fallen nach dieser Auslegung gerade nicht unter Art. 263 IV Alt. 2 AEUV.[136] 156

echte RL (?)

(4) Fraglich ist weiterhin, ob auch **echte Richtlinien** Gegenstand einer Individualnichtigkeitsklage sein können. 157

Die Rechtsprechung dazu ist ebenso unklar wie zu den Scheinrichtlinien, und auch die Literatur ist hierzu uneinig. Allerdings könnte auch hier die Argumentation zur Zulässigkeit der Klage gegen echte Verordnungen herangezogen werden. Angreifbar i.R.d. Art. 263 IV AEUV sind nämlich auch **Handlungen, die an Mitgliedstaaten gerichtet sind**, aber den einzelnen unmittelbar und individuell betreffen. 158

---

[135] S. unten Rn. 168 f.

[136] So EUGH, Große Kammer, Urteil vom 03.10.2013, C-583/11 = **Life&Law 06/2014** = **juris**byhemmer; EuG, Beschl. v. 06.09.2011, T-18/10, EWS 2012, 90 - 95 = **juris**byhemmer.

Sollte eine Richtlinie unter Umständen den Einzelnen in gleicher Weise betreffen wie eine mitgliedstaatsgerichtete Entscheidung, so drängt sich auch hier eine **Analogie** auf.

4. Klagegrund

Die zulässigen Klagegründe sind in Art. 263 II AEUV aufgezählt: 159

- Unzuständigkeit
- Verletzung einer wesentlichen Formvorschrift
- Verletzung des EAUV oder einer bei seiner Durchführung anzuwendenden Rechtsnorm
- Ermessensmissbrauch

Der Kläger muss diese Klagegründe zwar nicht ausdrücklich nennen. Zumindest muss sich jedoch aus dem Sachvortrag ergeben, dass der Kläger der Sache nach einen dieser Klagegründe geltend macht.

Prüfungsmaßstab = höherrangiges UnionsR

a) Diese Voraussetzung ist stets dann gewährleistet, wenn der Kläger einen **Verstoß gegen höherrangiges Unionsrecht** geltend macht. Zumindest liegt darin die Geltendmachung einer „Verletzung dieses Vertrages"; dieser Klagegrund stellt insoweit einen **Auffangtatbestand** dar. 160 - 161

teilweise Einschränkungen

c) Einschränkungen erfährt der grundsätzlich zulässige Prüfungsmaßstab jedoch für **Klagen des Europäischen Parlaments, des Rechnungshofes und der EZB** gemäß Art. 263 III AEUV. Da diese Organe nur zur **Wahrung ihrer Rechte** Klage erheben können, können sie nur jene Klagegründe geltend machen, die gerade dem Schutz der ihnen verliehenen Befugnisse dienen. Andere Normen bilden keinen zulässigen Prüfungsmaßstab. 162

5. Klagebefugnis

Art. 263 AEUV unterscheidet zwischen privilegierten und nichtprivilegierten Klägern. Privilegierte Kläger sind ohne weiteres bei Geltendmachung eines zulässigen Klagegrundes klagebefugt. 163

MS, Rat und Kommission

a) **Privilegiert** sind die Mitgliedstaaten, der Rat und die Kommission, vgl. Art. 263 II AEUV. 164

EP und EZB

b) Auch das Europäische Parlament und die EZB sind im Grunde privilegierte Kläger, vgl. Art. 263 III AEUV. Wegen des eingeschränkten Prüfungsmaßstabs werden sie zum Teil aber auch als nur **teilprivilegierte Kläger** bezeichnet. 165

Individualklagen

c) Natürliche und juristische Personen sind nichtprivilegierte **Kläger**. Gemäß Art. 263 IV AEUV sind sie nur klagebefugt, wenn 166

- die von ihnen angegriffene Handlung an sie selbst gerichtet ist oder
- sie von der von ihnen angegriffenen Handlung unmittelbar und individuell betroffen sind oder
- Rechtsakte mit Verordnungscharakter sie unmittelbar betreffen und keine Durchführungsmaßnahmen nach sich ziehen.

Betroffen

Das Merkmal des **Betroffenseins** verlangt, dass der Rechtsakt überhaupt in den Interessenkreis des Einzelnen eingreift und zumindest ein tatsächliches Aufhebungsinteresse auslöst. 167

Unmittelbar betroffen

Unmittelbar betroffen von einem Rechtsakt ist der Einzelne, wenn der Rechtsakt selbst in seinen Interessenkreis eingreift, ohne dass es dazu einer weiteren Vollzugsmaßnahme bedarf.[137] 168

Handlung, ergangen gegenüber einem MS

Unmittelbar betroffen von einer **Handlung, die gegenüber einem Mitgliedstaat** ergangen ist, ist der Einzelne nur dann, wenn der Mitgliedstaat

- bei rechtmäßiger Ausführung der gegenüber ihm ergangenen Handlung gezwungen ist, eine dem Einzelnen nachteilige Maßnahme zu treffen bzw. günstige Maßnahme zu unterlassen, oder aber
- mit großer Wahrscheinlichkeit ohne die Handlung die nachteilige Maßnahme unterlassen oder die günstige Maßnahme getroffen hätte.

> **Bsp.:** *Wenn die Kommission einen Mitgliedstaat auffordert, eine an das Unternehmen U gezahlte Beihilfe zurückzunehmen, ist auch U unmittelbar betroffen von dieser Rückforderung, denn der Mitgliedstaat hat hier keinen eigenen Entscheidungsspielraum mehr, sondern ist zur Rücknahme verpflichtet. Da diese an den Mitgliedstaat gerichtete Entscheidung U zudem individuell betrifft, kann U gegen diese Entscheidung klagen.*

Individuell betroffen

Individuell betroffen von einer Handlung ist der Einzelne nur, wenn er in dem Rechtsakt wegen bestimmter persönlicher Eigenschaften oder besonderer Umstände in einer Weise individualisiert ist, die ihn aus dem Kreis der anderen Wirtschaftsteilnehmer heraushebt und ihn so **dem Adressaten einer Handlung gleichstellt**.[138] 169

---

[137] EuGH, Urt. v. 17.01.1985, Rs. 11/82, Slg. 1985, 207 (241).

[138] St. Rspr.; vgl. EuGH, Urt. v. 15.07.1963, Rs. 25/62, Slg. 1963, 213 (238).

hemmer-Methode: Der Einzelne ist also individuell betroffen, wenn er zum Kreis der von der Handlung betroffenen Wirtschaftsteilnehmer gehört und dieser Kreis

- **der Zahl nach begrenzt ist,**
- **im Zeitpunkt des Erlasses feststeht und**
- **künftig nicht mehr erweitert werden kann.[139]**

Wichtig: Über die genannten Voraussetzungen hinaus ist die Geltendmachung einer subjektiven Rechtsverletzung nicht erforderlich!

Da diese engen Voraussetzungen der individuellen Betroffenheit bei (echten) Verordnungen eigentlich nie vorlagen, wurde die Voraussetzung der individuellen Betroffenheit bei einer Nichtigkeitsklage gegen Rechtsakte mit Verordnungscharakter im Lissabon-Vertrag gestrichen (siehe bereits oben). Hier reicht künftig die unmittelbare Betroffenheit.

Rechtsakte mit Verordnungscharakter

Für Rechtsakte mit Verordnungscharakter verzichtet Art. 263 IV Alt. 2 auf die individuelle Betroffenheit und begnügt sich damit, dass sie den Einzelnen unmittelbar betreffen. Zur Auslegung des Begriffs „Rechtsakte mit Verordnungscharakter“ vgl. oben Rn. 156.

6. Form und Frist

Form

Die Kläger müssen formgerecht gemäß Art. 21 S-EuGH und Art. 38 VerfO-EuGH Klage einreichen. **170**

Sie unterliegen dabei gemäß Art. 263 VI AEUV einer Frist von zwei Monaten ab

- Bekanntgabe der betreffenden Handlung,
- Mitteilung an den Kläger oder
- sonstiger Kenntniserlangung durch den Kläger.

> **Bsp.:** *Diese Frist gilt für das Unternehmen U ab dem Zeitpunkt, zu dem U von der nationalen Behörde über die an den Mitgliedstaat gerichtete Handlung unterrichtet wird. Nach Fristablauf hat die Handlung gegenüber U Bestandskraft. Diese Bestandskraft kann dann auch nicht mehr über innerstaatliche Rechtsbehelfe (z.B. Anfechtungsklage gegen den Ausführungs-VA) unterlaufen werden.*

[139] EuGH, Urt. v. 13.05.1971, Rs. 41-44/70, Tz. 16/22, Slg. 1971, 411 (422); zu den Versuchen diese Voraussetzungen aufzuweichen EuG, BayBl. 2002, 663 - 666 m. Anm. Kment, Erhaltung der Fischfangressourcen, BayVBl. 2002, 666 - 667; EuGH, NJW 2002, 2088; EuGH, NJW 2002, 2935 - 2937 = **Life&Law 12/2002, 846**.

7. Rechtsschutzbedürfnis

Grundsatz

a) Das Rechtsschutzbedürfnis wird bei Vorliegen der übrigen Zulässigkeitsvoraussetzungen grundsätzlich unterstellt.[140] 171

b) Lediglich bei Individualklagen wird es geprüft: 172

- bei ausdrücklicher Rüge seines Nichtbestehens
- oder erheblichen Zweifeln an seinem Bestehen.

Ausnahme

Das Rechtsschutzbedürfnis kann in diesem Falle ausnahmsweise dann entfallen, wenn der Kläger lediglich die Verletzung solcher Normen rügt, die in keiner Weise mehr seine rechtlich geschützten Interessen betreffen.

Allerdings kann auch in einem solchen Falle das Rechtsschutzbedürfnis bestehen

- wegen eventueller Wiederholungsgefahr[141] oder
- in der Vorbereitung einer Schadensersatzklage.[142]

II. Begründetheit

Die Klage ist begründet, wenn sie sich gegen den richtigen Klagegegner richtet und die angegriffene Handlung tatsächlich gegen höherrangiges Unionsrecht verstößt. 173

1. Passivlegitimation

Passivlegitimiert ist das Organ, das tatsächlich die angegriffene Handlung vorgenommen hat. 174

2. Verstoß gegen höherrangiges Unionsrecht

Der Gerichtshof der Europäischen Union ist berechtigt und verpflichtet, jeden der in Art. 263 II AEUV genannten Klagegründe von Amts wegen aufzugreifen. Dies gilt jedoch nicht für Klagen des EP, des Rechnungshofs oder der EZB hinsichtlich unzulässiger Klagegründe. 175

---

140 EuGH, Urt. v. 26.03.1987, Rs. 45/86, Slg. 1987, 1493; EuGH, Urt. v. 23.88, Rs. 131/86, Slg. 1988, 905 - 936.

141 Borchardt, Art. 173, Rn. 49, Lenz (Hrsg.), EG-Vertrag, 1994.

142 EuGH, Urt. v. 05.03.1980, Rs. 76/79, Slg. 1980, 665 - 690.

a) Unzuständigkeit

Die Rechtsprechung unterscheidet vier Zuständigkeitsmängel: 176

fehlende Verbandskompetenz

Absolute Unzuständigkeit setzt voraus, dass der Union für die angegriffene Handlung die Verbandskompetenz fehlt, d.h., dass es gar keine Ermächtigungsnorm für diese Maßnahme gibt oder dass der Subsidiaritätsgrundsatz bei den nicht ausschließlichen Kompetenzen (Art. 5 III EUV) nicht beachtet wurde.

fehlende Organkompetenz

Relative Unzuständigkeit setzt voraus, dass das handelnde Organ für die Vornahme dieser Maßnahme die Organkompetenz fehlte.

unzulässige Handlungsform

Sachliche Unzuständigkeit setzt voraus, dass sich das handelnde Organ einer unzulässigen Handlungsform bedient hat. Ist z.B. in der Ermächtigungsgrundlage der Erlass einer Richtlinie vorgesehen, wäre der Erlass einer Verordnung wegen sachlicher Unzuständigkeit rechtswidrig und die Verordnung nichtig.

außerhalb d. Geltungsbereiche des UnionsR

Räumliche Unzuständigkeit liegt vor, wenn das handelnde Organ mit seiner Maßnahme den von Art. 52 EUV, Art. 355 AEUV vorgegebenen Geltungsbereich überschreitet. Im Grunde handelt es sich hierbei um einen Sonderfall der absoluten Unzuständigkeit, denn für ein Handeln außerhalb des Geltungsbereiches der Verträge fehlt der Union bereits die Verbandskompetenz.

b) Verletzung einer wesentlichen Formvorschrift

Zu den Formvorschriften gehören insbesondere alle Regelungen hinsichtlich des Verfahrens und der Begründung von Rechtsakten. 177

aa) Verfahrensregelungen

Verletzung einer wesentlichen Verfahrensregel

Die Verletzung einer wesentlichen Verfahrensregel liegt dann vor, wenn eine Verfahrensregel beim Erlass eines Rechtsaktes nicht eingehalten worden ist, bei deren Beachtung das beschließende Organ dem Rechtsakt möglicherweise einen anderen Inhalt gegeben hätte. 178

Beteiligungsfehler

Wenn ein am Rechtsetzungsverfahren zu beteiligendes Organ nicht in der vorgeschriebenen Weise **beteiligt** worden ist, ist der Rechtsakt stets nichtig. Das Gleiche gilt, wenn ein Organ beteiligt wird, dessen Beteiligung in dieser Weise nicht vorgesehen ist.

Lediglich die fakultative Anhörung anderer Organe durch den Rat ist stets erlaubt.

Beschlussfassungs-fehler

Hinsichtlich der **Beschlusserfordernisse** liegt stets dann ein 179
entsprechender Verstoß vor, wenn der Rechtsakt nicht mit der erforderlichen Mehrheit erlassen worden ist. Das Gleiche gilt für die versehentliche Verschärfung der Anforderungen an den Beschluss eines Rechtsaktes.

Die Einhaltung eines vermeintlichen Einstimmigkeitserfordernisses statt einer Mehrheitsentscheidung ist geeignet, dem Beschluss möglicherweise einen anderen Inhalt zu geben.

Der Rechtsakt wird dann nämlich nur mit einem Inhalt verabschiedet, dem alle Ratsmitglieder zustimmen konnten.

Ursache: falsche EGL

Solche „Verfehlungen" entstehen insbesondere dann, wenn der Rat den Rechtsakt auf die falsche Ermächtigungsgrundlage gestützt hat.

bb) Begründung eines Rechtsaktes

Art. 296 AEUV

Art. 296 AEUV ist eine wesentliche Formvorschrift. Eine **feh-** 180
lende oder **fehlerhafte** Begründung macht den Rechtsakt dementsprechend nichtig - nicht jedoch eine lediglich **falsche** Begründung.

Angabe der Ermächtigungsgrundlage

Die Begründung muss insbesondere die gewählte Ermächtigungsgrundlage erkennen lassen. Ist dies erfüllt, die gewählte Ermächtigungsgrundlage als solche aber falsch, so ist auch die Begründung lediglich **falsch**. Ist dagegen überhaupt nicht erkennbar, auf welche Ermächtigungsgrundlage der Rechtsakt gestützt worden ist, so ist die Begründung **fehlerhaft** und der Rechtsakt **nichtig**.

c) Sonstige (materielle) Vertragsverletzung

Grundsatz

Der Nichtigkeitsgrund „Verletzung dieses Vertrags ... " bildet 181
den Auffangtatbestand. In weiter Auslegung verweist er auf das gesamte höherrangige Unionsrecht, das nicht schon von den anderen drei Klagegründen erfasst wird.

Bsp.: *Darunter können z.B. Verstöße gegen das Subsidiaritätsprinzip, das Verhältnismäßigkeitsprinzip oder die Grundrechte fallen.*

Ausnahme

Davon auszunehmen sind natürlich alle Verstöße gegen **unwesentliche Formvorschriften**, da anderenfalls die durch die Formulierung dieses Nichtigkeitsgrundes erkennbar gewollte Einschränkung aufgehoben würde.

Wahl der falschen EGL

Zu diesen unwesentlichen Formvorschriften gehört die Wahl der falschen Ermächtigungsgrundlage, wenn dies keine weiteren Folgen auf das Rechtsetzungsverfahren hatte, z.B. weil Rechtsetzungsverfahren und Beschlusserfordernisse nach der falschen Ermächtigungsgrundlage identisch mit denen nach der richtigen Ermächtigungsgrundlage sind.[143]

☑

hemmer-Methode: Dogmatisch ist dieses Ergebnis des EuGH nur schwer einzuordnen, denn eigentlich ist die Wahl der Ermächtigungsgrundlage ein materiell-rechtliches Problem. Die folgenlose falsche Wahl der Ermächtigungsgrundlage betrachtet der EuGH offenbar lediglich als einen unbeachtlichen Schreibfehler i.R.d. Begründung des Rechtsaktes.

d) Ermessensmissbrauch

Der Begriff des Ermessens umfasst hier sowohl die Tatbestandsseite (Beurteilungsspielraum) als auch die Rechtsfolgenseite (Ermessen i.S.d. deutschen Rechts).[144] Ein Ermessensmissbrauch liegt vor, wenn das Organ mit Mitteln des Unionsrechts absichtlich **rechtswidrige** oder zumindest andere als diejenigen **Ziele** verfolgt, zu deren Erreichung die streitige Befugnis übertragen wurde. 182

Der Begriff des Ermessensmissbrauchs ist also deutlich enger gefasst als im deutschen Recht.

E) Untätigkeitsklage, Art. 265 AEUV

Mit der Untätigkeitsklage gemäß Art. 265 AEUV können Unionsorgane, Mitgliedstaaten oder auch einzelne Personen durch den Gerichtshof der Europäischen Union feststellen lassen, dass es rechtswidrig gewesen ist, dass ein Unionsorgan einen bestimmten Beschluss nicht gefasst hat. Dieses wäre dann im Falle der Verurteilung gemäß Art. 266 I AEUV verpflichtet, diesen Beschluss zu fassen. 183

Vorverfahren

Die Kläger haben sich allerdings gemäß Art. 265 II AEUV vor Anrufung des Gerichtshofes zunächst an dieses Organ selbst zu wenden.

Subsidiarität ggü. NK

Die Untätigkeitsklage ist gegenüber der Nichtigkeitsklage subsidiär. Sie ist nur zulässig, wenn dem Begehren des Klägers nicht ausreichend mittels der Nichtigkeitsklage entsprochen werden kann. 184

---

143 EuGH, Urt. v. 26.03.1987, Rs. 45/86, Kommission/Rat, Tz. 9, Slg. 1987, 1493.

144 Erichsen/Weiß, System des europäischen Rechtsschutzes, Jura 1990, 528 - 535 (533).

So ist auf die Nichtigkeitsklage zurückzugreifen, wenn das Organ es **ausdrücklich ablehnt**, den begehrten Beschluss zu fassen. Dann ist **diese Ablehnung als Handlung i.S.d. Art. 263 AEUV** anzugreifen. Gemäß Art. 266 I AEUV wäre im Falle der Verurteilung das Organ verpflichtet, den rechtswidrig abgelehnten Beschluss nun doch zu fassen.

Die Untätigkeitsklage ist lediglich die notwendige **Ergänzung zur Nichtigkeitsklage** für die Fälle, in denen von einem Unionsorgan ein Beschluss begehrt wird und dieses jedoch **völlig untätig** bleibt. Eine Nichtigkeitsklage würde nämlich in diesen Fällen schon mangels Klagegegenstand scheitern.

F) Vorabentscheidungsverfahren, Art. 267 AEUV

Das Vorabentscheidungsverfahren ermöglicht es den nationalen Gerichten, dem Gerichtshof Unionsrechtsnormen zur Auslegung und sekundärrechtliche Normen zur Gültigkeitskontrolle vorzulegen. Das vorlegende Gericht selbst sowie alle anderen Gerichte desselben Instanzenzuges sind dann an die Antwort des Gerichtshofs gebunden. *185*

I. Zulässigkeit

1. Zuständigkeit

Zuständig ist gemäß Art. 267 I AEUV der Gerichtshof. Eine Sonderzuweisung an das Gericht (erster Instanz) ist gemäß Art. 256 II AEUV zwar möglich, bislang aber nicht geplant. *186*

2. Vorlageberechtigung

Vorlageberechtigt ist gemäß Art. 267 II AEUV jedes **Gericht eines Mitgliedstaates**. Dieser Begriff ist unionseinheitlich autonom auszulegen,[145] d.h. er richtet sich nicht nach den jeweiligen nationalen Definitionen. *187*

Gericht ist ein zur Entscheidung in Rechtsstreitigkeiten berufener Spruchkörper,

- der sachlich unabhängig in einem rechtsstaatlich geordneten streitigen Verfahren entscheidet,
- dessen Entscheidungen nach der Rechtsordnung des betreffenden Mitgliedstaates bindende Kraft zukommt,
- der nach Recht, nicht nach Billigkeit entscheidet.

[145] Vgl. **Hemmer/Wüst, Europarecht, Rn. 686**.

Zudem muss dieser Spruchkörper in das innerstaatliche Rechtsschutzsystem eingebunden sein:

- Zuständigkeitsverweisung kraft hoheitlicher Regelung
- Mitwirkung des Staates bei Errichtung des Gerichts und Ausgestaltung der Verfahrensordnung

Staatliche Gerichte erfüllen stets diese Voraussetzungen, nicht dagegen die gem. §§ 1025 ff. ZPO errichteten Schiedsgerichte.

Bsp.: *Drei deutsche Reederei-Gruppen führten ein gemeinsames Programm zum Schiffsbau durch. Sie beantragten Unions-Zuschüsse und vereinbarten, diese Zuschüsse im Innenverhältnis aufzuteilen. Diese Vereinbarung enthielt zudem eine Schiedsklausel, nach der alle Streitigkeiten durch ein Schiedsgericht entschieden werden sollten. Die Union bezuschusste nur einen Teil der Schiffe. Die „Nordsee-Gruppe“ verlangte einen Anteil an diesen Zuschüssen gemäß der „Poolvereinbarung“.*

Die „Nordstern-Gruppe“ verweigerte eine Beteiligung mit der Begründung, dass die Poolvereinbarung gegen Unions-Recht verstoße und daher nichtig sei. Das angegangene Schiedsgericht wollte diese Frage dem Gerichtshof zur Vorabentscheidung vorlegen. Da es sich über seine Vorlageberechtigung jedoch nicht sicher war, stellte es zunächst die Frage, ob es überhaupt zur Vorlage befugt sei. Der Gerichtshof verneinte eine Vorlageberechtigung:[146]

Zu untersuchen ist, ob das vorlegende Schiedsgericht als „Gericht eines Mitgliedstaates“ im Sinne des Art. 177 EWGV (= Art. 267 AEUV) anzusehen ist.

Es ist zutreffend, dass die Tätigkeit des in Frage stehenden Schiedsgerichts insofern gewisse Ähnlichkeiten mit der gerichtlichen Tätigkeit aufweist, als das Schiedsverfahren gesetzlich ausgestaltet ist, als der Schiedsrichter nach Gesetz und Recht zu entscheiden hat und als seine Entscheidung die Wirkung eines rechtskräftigen Urteils hat und einen Vollstreckungstitel darstellen kann. Dies langt jedoch nicht aus, um dem Schiedsgericht die Stellung eines „Gerichts der Mitgliedstaaten“ i.S.v. Art. 177 EWGV (= Art. 267 AEUV) zu verleihen.

Es ist festzustellen, dass die deutsche öffentliche Gewalt in die Entscheidung, den Weg der Schiedsgerichtsbarkeit zu wählen, nicht einbezogen war und die Bundesrepublik Deutschland nicht Privatpersonen damit betraut oder es ihnen überlassen hat, für die Beachtung der Verpflichtungen aus Art. 5 EWGV und Art. 169 - 171 EWGV (jetzt Art. 291 I AUEV und Art. 258 - 260 AEUV) Sorge zu tragen.

---

146 EuGH, Urt. v. 23.03.1982, Rs. 102/81, Nordsee, Slg. 1982, 1095 - 1128.

Daraus ergibt sich, dass zwischen dem vorliegenden Schiedsgerichtsverfahren und dem allgemeinen innerstaatlichen Rechtsschutzsystem keine hinreichend enge Beziehung besteht, um den Schiedsrichter als „Gericht eines Mitgliedstaats“ i.S.v. Art. 177 EWGV bezeichnen zu können.[147]

3. Vorlagegegenstand

Primärrecht

Zulässiger Vorlagegegenstand ist gemäß **Art. 267 I lit. a AEUV** der Vertrag. Darunter fällt über den Wortlaut hinaus nicht nur das geschriebene, sondern das gesamte **Primärrecht**. 188

Sekundärrecht

Gemäß **Art. 267 I lit. b AEUV** ist auch das gesamte **Sekundärrecht** zulässiger Vorlagegegenstand.

Vorlagefrage ⇨ Vorlagegegenstand

Welcher **Gegenstand** vom nationalen Gericht zur Prüfung durch den EuGH vorgelegt worden ist, **ergibt sich aus der Vorlagefrage**.

Da der EuGH nicht die Kompetenz hat, über die Gültigkeit oder Auslegung von nationalem Recht zu entscheiden, sind **Fragen nach der Vereinbarkeit einer nationalen Norm mit dem Unionsrecht grundsätzlich unzulässig**. Dennoch sind entsprechende Vorlagen nicht zwingend unzulässig, wenn die Fragen einer Auslegung zugänglich sind, die ihnen einen zulässigen Inhalt geben. So legt der EuGH eine solche Frage meist aus als Frage nach der Vereinbarkeit einer abstrakt gedachten (nicht konkreten nationalen) Regelung bestimmten Inhalts mit dem Unionsrecht.

4. Vorlagebefugnis

a) Vorlagegrund

Zweifel

Das vorlegende Gericht muss **Zweifel über die Auslegung** der vorgelegten primärrechtlichen Norm bzw. **über die Auslegung oder Gültigkeit** der vorgelegten sekundärrechtlichen Norm haben. 189

Prüfungsmaßstab

Zulässiger Prüfungsmaßstab für Gültigkeitsfragen ist **jedes höherrangige Unionsrecht**.

Grundsatz: Behauptung ausreichend

Zweifel sind letztlich innere Tatbestandsvoraussetzungen, die sich nur schwer an objektiven Merkmalen widerspiegeln. Dies gilt umso mehr, als der Gerichtshof nur sehr geringe Anforderungen an die Intensität der Zweifel stellt. Deshalb ist die **Behauptung** des vorlegenden Gerichts Zweifel zu haben grundsätzlich **ausreichend**.

---

[147] Vgl. auch EuGH, Beschluss vom 13.02.2014, C-555/13 = **juris**byhemmer.

Ausnahmen macht der Gerichtshof jedoch, wenn

- die vorzulegende Frage bereits entschieden ist;
- die vom nationalen Gericht gewählte Auslegung keinerlei Raum für vernünftige Zweifel lässt.

In diesen Fällen besteht weder ein Vorlagerecht noch eine Vorlagepflicht (siehe II.).

b) Entscheidungserheblichkeit

Entscheidend für Urteilstenor

Zudem muss die Beantwortung der Frage für den Erlass des Urteils des vorlegenden Gerichts entscheidungserheblich sein, d.h. die Beantwortung einer Frage muss Einfluss auf den Urteils**tenor** (nicht nur auf die Urteils**begründung**) haben. 190

Grundsatz: Behauptung ausreichend

Die Prüfung, ob die vorgelegte Norm des Unionsrechts für das nationale Gericht entscheidungserheblich ist, würde auf die Prüfung des nationalen Rechts hinauslaufen. Dies ist dem Gerichtshof im Vorabentscheidungsverfahren aber gerade verwehrt. Deshalb ist die **Behauptung** durch das vorlegende Gericht auch diesbezüglich grundsätzlich **ausreichend**.

Ausnahmen davon macht der Gerichtshof nur, wenn 191

- zwischen vorgelegter Frage und anhängigem Rechtsstreit ganz offensichtlich kein Zusammenhang besteht,
- das Verfahren bereits abgeschlossen ist,
- der Rechtsstreit offensichtlich nur fingiert war, um die Frage vorlegen zu können.

II. Vorlagepflicht

1. Voraussetzungen der Vorlagepflicht

Unter bestimmten Voraussetzungen besteht eine Pflicht zur Vorlage an den Gerichtshof.[148] Dazu muss ein **Vorlageverpflichtungsgrund** vorliegen und die Vorlage muss ihrerseits auch **zulässig** sein. 192

---

148 Vgl. **Hemmer/Wüst, Europarecht, Rn. 696**.

Letzteres ist so selbstverständlich, dass es zumeist übersehen wird. Ein letztinstanzliches Faschingsgericht ist also ebenso wenig vorlagepflichtig wie ein privates Schiedsgericht, weil eine Vorlage dieser Gerichte mangels Vorlagefähigkeit unzulässig wäre.

hemmer-Methode: Die Vorlagepflicht ist keine Zulässigkeitsvoraussetzung, denn das Vorliegen oder Nichtvorliegen der Vorlagepflicht hat keinerlei Auswirkung auf die Zulässigkeit einer Vorlage. Vielmehr ist umgekehrt die Zulässigkeit der Vorlage eine Voraussetzung der Vorlagepflicht!

In dem Fall des Art. 267 III AEUV hat das nationale Gericht grundsätzlich **vor** einer eigenen Entscheidung in der Sache das Verfahren auszusetzen und die entsprechende Frage dem EuGH zur Vorabentscheidung vorzulegen.

Art. 267 III AEUV

a) Ein Vorlageverpflichtungsgrund ergibt sich aus **Art. 267 III AEUV**. Ist die Entscheidung eines Gerichts in dieser Sache nicht mehr mit Rechtsmitteln des innerstaatlichen Rechts anfechtbar, so ist dieses Gericht, sofern eine Vorlage zulässig ist, vorlageverpflichtet. Nach Rechtsprechung des EuGH und h.M. richtet sich dies nicht abstrakt nach der jeweiligen Gerichtshierarchie (höchste Gerichte, abstrakte Betrachtungsweise), sondern danach, welches letzte Rechtsmittel im konkreten Rechtstreit gegeben ist (konkrete Betrachtungsweise).[149] Dabei ist das dem einstweiligen Rechtsschutz folgende Hauptsacheverfahren grundsätzlich noch ein weiteres Rechtsmittel i.S.d. Art. 267 III AEUV. 193

Nicht zu den Rechtsmitteln in diesem Sinne gehört allerdings die Möglichkeit einer Verfassungsbeschwerde.

ungeschriebene Gründe

b) **Ungeschriebene Vorlageverpflichtungsgründe** ergeben sich aus dem Auslegungs- und Verwerfungsmonopol des Gerichtshofs, das zur Wahrung des Prinzips der Einheit der Rechtsordnung notwendig ist. 194

nat. Gericht hält UnionsR für ungültig

So ist unabhängig vom Fall des Art. 267 III AEUV ein nationales Gericht dann zu Vorlage an den Gerichtshof verpflichtet, wenn es in seiner Entscheidung **von der Ungültigkeit einer sekundärrechtlichen Norm ausgehen** will.[150] 195 - 196

Im einstweiligen Rechtsschutzverfahren können sich allerdings aufgrund des dringlichen Charakters Modifikationen der Vorlagepflicht ergeben.

---

149 Vgl. **Hemmer/Wüst, Europarecht, Rn. 698**; BVerfG, NVwZ 2009, 519 - 521 = **Life&Law 07/2009, 482 - 485** = **juris**byhemmer.

150 EuGH, Urt. v. 22.10.1987, Rs. 314/85, Foto-Frost, Tz. 11-20, Slg. 1987, 4199.

Hier ist das Gericht unter gewissen Umständen befugt, **zunächst** eine vorläufige Entscheidung unter Zugrundelegung der Ungültigkeit der unionsrechtlichen Norm zu treffen, und erst **anschließend** (im Hauptsacheverfahren) dem Gerichtshof die entsprechende Frage vorzulegen, wozu es dann aber verpflichtet ist.[151]

hemmer-Methode: Eine Vorlagepflicht nimmt das BVerfG darüber hinaus für ein nationales Gericht dann an, wenn dieses einen Akt sekundären Unionsrechts nach Art. 100 GG dem BVerfG vorlegen will. Eine solche Vorlage ist - wenn überhaupt[152] - erst dann zulässig, wenn das Gericht zuvor nach Art. 267 AEUV den EuGH mit der Frage beschäftigt hat, ob die entsprechende Norm mit höherrangigem Primärrecht vereinbar ist.[153]

2. Verstoß gegen die Vorlagepflicht

Vertragsverletzung

a) Ein Verstoß gegen die Vorlagepflicht stellt eine Vertragsverletzung durch den betreffenden Mitgliedstaat dar. 197

Sie kann im Wege des Vertragsverletzungsverfahrens gemäß Art. 258 AEUV durch die Kommission vor den Gerichtshof gebracht werden. Dem Mitgliedstaat wird auch das Verhalten seiner Gerichte zugerechnet. Er kann sich nicht mit deren Unabhängigkeit rechtfertigen.

Entziehung des gesetzlichen Richters

b) Darüber hinaus kann der Verstoß gegen die Vorlagepflicht eine grundgesetzwidrige Entziehung des gesetzlichen Richters darstellen.[154] 198

Der Gerichtshof ist gesetzlicher Richter i.S.d. Art. 101 I S. 2 GG.[155] Eine entsprechende Verfassungsbeschwerde hat allerdings nur dann Aussicht auf Erfolg, wenn die Vorlage an den Gerichtshof willkürlich verweigert worden ist.[156]

G) Amtshaftungsklage, Art. 268 AEUV

Die Amtshaftungsklage gemäß Art. 268 AEUV ermöglicht es jedem Anspruchsberechtigten, seinen Amtshaftungsanspruch aus Art. 340 II, III AEUV gegen die Union prozessual durchzusetzen. 199

passive Beteiligtenfähigkeit

Beklagter ist in diesem Verfahren die Union, der das rechtswidrige Verhalten zuzurechnen ist, vertreten durch das Organ, das gehandelt hat.

151 EuGH, Urt. v. 21.02.1991, verb. Rs. C-143/88 und C-92/89, Tz. 24, Slg. 1991, I-415 - 554.

152 Vgl. oben Rn. 64.

153 BVerfGE 129, 186 - 208 = **Life&Law 12/2012** = **juris**byhemmer.

154 Vgl. **Hemmer/Wüst, Europarecht, Rn. 711**.

155 BVerfGE 73, 339 - 388 (366 f.) = **juris**byhemmer.

156 BVerfGE 73, 339 - 388; BVerfG, NVwZ 2009, 519 - 521 = **Life&Law 07/2009, 482 - 485** = **juris**byhemmer.

§ 9 AMTSHAFTUNG IN DER UNION

A) Allgemeines

Haftung der Hoheitsträger

In der Europäischen Union haften alle **Hoheitsträger** für die 200
Schäden, die dem Einzelnen aus den unionsrechtswidrigen Handlungen ihrer Organe entstehen. In der unionsrechtlichen Amtshaftpflicht stehen damit sowohl die **Union** als auch die **Mitgliedstaaten**.

Rechtsgrundlagen

Die Rechtsgrundlagen der unionsrechtlichen Amtshaftung sind im AEUV nur ansatzweise in **Art. 340 II, III und 268 AEUV** vorhanden. Sie wurden durch den Rückgriff auf die **allgemeinen Rechtsgrundsätze** ergänzt.

kohärentes Amtshaftungssystem

Zunächst hatte der Gerichtshof Gelegenheit, die Voraussetzungen der Amtshaftung der Union zu entwickeln. Diese Grundsätze zog er dann auch heran, als er über die Haftung der Mitgliedstaaten zu befinden hatte. So schuf er ein **kohärentes System unionsrechtlicher Amtshaftung**.

B) Amtshaftung der Union

außervertragliche Haftung

Die unionsrechtliche Amtshaftung der Union für das Verhalten 201
ihrer Organe und Bediensteten wird in Art. 340 II AEUV als **außervertragliche Haftung** im Grundsatz anerkannt. Hinsichtlich der Anspruchsvoraussetzungen verweist diese Norm ausdrücklich auf die allgemeinen Rechtsgrundsätze, die den Rechtsordnungen der Mitgliedstaaten gemeinsam sind.

I. Aktiv- und Passivlegitimation

Aktivlegitimation

Haftungsberechtigter kann jede natürliche oder juristische Per- 202
son sein. Dies gilt auch für die Mitgliedstaaten im fiskalischen Bereich.

Passivlegitimation

Haftungspflichtiger kann nur die Europäische Union sein. Die Organe haften nicht selbst.

II. Anspruchsbegründung

Nach bisherigem Stand der Rechtsprechung ist ein Anspruch 203
des Einzelnen gegen die Union begründet,

- wenn ein Organ oder Bediensteter der Union in Ausübung seiner **Amtstätigkeit** gehandelt hat,

- wenn diese Handlung in haftungsauslösender Weise **rechtswidrig** war und
- wenn dem Einzelnen ein ersatzfähiger **Schaden** entstanden ist,
- der **kausal** aus dem Verhalten des Organs bzw. Bediensteten resultiert.

1. Amtstätigkeit

jedes hoheitliche Handeln

Zu den Handlungen in Ausübung der Amtstätigkeit gehört **jedes Tun oder Unterlassen**, das sich aufgrund einer inneren Beziehung notwendig aus den Aufgaben der Organe ergibt und dabei nicht nur eine Hilfstätigkeit darstellt.[157] Nachdem der Gerichtshof darunter zunächst nur **administratives Handeln** fasste, hat er später die Haftung auch auf **normatives Handeln** erstreckt.[158] 204

2. Haftungsauslösende Rechtswidrigkeit

Grundsatz

a) Grundsätzlich ist **jede Verletzung** einer zumindest auch **den Individualinteressen dienenden Norm** geeignet, die Amtshaftung auszulösen. 205

Ausnahme

b) An die Amtshaftung für den rechtswidrigen Erlass einer **Rechtsvorschrift, welche wirtschaftspolitische Entscheidungen voraussetzt**, stellt der Gerichtshof jedoch höhere Anforderungen. 206

Arg.:

Dies ergibt sich aus der wertenden Rechtsvergleichung der nationalen Haftungsgrundsätze, nach denen „Rechtsvorschriften, die Ergebnis wirtschaftspolitischer Entscheidungen sind, die Haftung der öffentlichen Gewalt nur ausnahmsweise und unter besonderen Umständen nach sich ziehen. Diese einschränkende Auffassung beruht dabei auf der Erwägung, dass die gesetzgebende Gewalt selbst dann, wenn ihre Handlungen richterlicher Kontrolle unterworfen sind, bei ihrer Willensbildung nicht jedes Mal durch die Möglichkeit von Schadensersatzklagen behindert werden darf, wenn sie Anlass hat, im Allgemeininteresse Rechtsnormen zu erlassen, welche die Interessen der Einzelnen berühren können.“[159]

---

157 EuGH, Urt. v. 10.07.1969, Rs. 6/69, Tz. 5-11, Slg. 1969, 329.

158 EuGH, Urt. v. 02.12.1971, Rs. 5/71, Tz. 11, Slg. 1971, 975.

159 EuGH, Urt. v. 25.05.1978, verb. Rs. 83 u. 94/76 u. 40/77, Tz. 5, Slg. 1978, 1209.

Die Amtshaftung für eine Rechtsvorschrift, deren Erlass wirtschaftspolitische Entscheidungen voraussetzt, kann deshalb nur durch die

- hinreichend qualifizierte Verletzung
- einer höherrangigen, den Einzelnen schützenden Rechtsnorm

ausgelöst werden.[160]

hinreichend qualifizierte Verletzung

Eine hinreichend qualifizierte Verletzung liegt z.B. bei **an Willkür grenzender, erheblicher und offenkundiger Befugnisüberschreitung** vor.[161]

> ***Bsp.:** Fehlt bereits die Kompetenz, wird regelmäßig eine hinreichend qualifizierte Verletzung vorliegen. Bei „knappen" Verstößen gegen das Verhältnismäßigkeitsprinzip wird dies regelmäßig zu verneinen sein.*

hemmer-Methode: Hier sind in der Praxis wie in der Klausur die Übergänge fließend.

3. Ersatzfähiger Schaden

Grundsatz

Ersatzfähig ist grundsätzlich **jeder** auf der Amtstätigkeit beruhende, reale materielle oder immaterielle **Schaden**. Der Schaden muss bereits eingetreten sein oder mit ausreichender Wahrscheinlichkeit zu erwarten sein. 207

Ausnahme

Die Amtshaftung für eine Rechtsvorschrift, deren Erlass wirtschaftspolitische Entscheidungen voraussetzt, setzt darüber hinaus voraus, dass der behauptete Schaden **über die Grenzen der normalen wirtschaftlichen Risiken hinausgeht**, die eine Betätigung in dem betreffenden Wirtschaftszweig mit sich bringt.[162] 208

4. Kausalität

Adäquanz

Der Schadenseintritt muss zudem adäquat-kausal auf der Verletzungshandlung beruhen. 209

[160] EuGH, Urt. v. 25.05.1978, a.a.O., Tz. 4.

[161] EuGH, Urt. v. 25.05.1978, a.a.O., Tz. 6.

[162] EuGH, Urt. v. 19.5.1992, Rs. C-104/89 und C-37/90, Tz. 13, Slg. 1992, I-3061 - 3139.

III. Anspruchsausfüllung

Schadenshöhe

Zur Anspruchsausfüllung wird in erster Linie die Schadenshöhe herangezogen. Sie wird durch Erstellen einer Differenzhypothese ermittelt, wobei auch ein etwaiger entgangener Gewinn berücksichtigt wird. Auch Zinsen werden ab dem Tag des Urteils in diese Rechnung eingestellt. 210

Mitverschulden

Anspruchsmindernd findet aber auch ein etwaiges Mitverschulden des Geschädigten entsprechende Berücksichtigung. 211

IV. Durchsetzung des Amtshaftungsanspruchs

Rechtsweg

Zur gerichtlichen Durchsetzung eines Amtshaftungsanspruchs gegen die Union stellt Art. 268 AEUV den Unionsrechtsweg zur Verfügung. 212

Verjährung = Klagefrist

Der Anspruch verjährt gemäß Art. 46 S-EuGH in fünf Jahren nach Eintritt aller anspruchsbegründenden Voraussetzungen. Der Gerichtshof behandelt diesen Aspekt i.R.d. Zulässigkeit als von Amts wegen zu beachtende Klagefrist. 213

C) Amtshaftung der Mitgliedstaaten[163]

I. Grundsatz der Staatshaftung

Staatshaftung

Der EuGH hat die unionsrechtliche Amtshaftung auch auf das Handeln der Mitgliedstaaten erstreckt **(Staatshaftung)**. 214

EuGH

> Es ist ein „Grundsatz des Unionsrechts, dass die Mitgliedsstaaten zum Ersatz der Schäden verpflichtet sind, die dem Einzelnen durch Verstöße gegen das Unionsrecht entstehen, die diesen Staaten zuzurechnen sind“.[164]

Prinzip der Unionstreue

a) Die **Rechtsgrundlage** hierfür sieht der Gerichtshof zum einen im **Prinzip der Unionstreue**, wonach die Mitgliedstaaten verpflichtet sind, die volle Wirksamkeit des Unionsrechts zu gewährleisten und die Rechte zu schützen, die das Unionsrecht dem Einzelnen verleiht.[165] 215

---

[163] Ausführlich **Hemmer/Wüst, Europarecht, Rn. 377 ff.**

[164] EuGH, Urt. v. 19.11.1991, Rs. C-6 u. 9/90, Francovich u.a., Tz. 37, Slg. 1991, I-5357 - 5418 = **juris**byhemmer.

[165] EuGH, Urt. v. 19.11.1991, a.a.O., Tz. 31-37 = **juris**byhemmer.

EuGH

„Die volle Wirksamkeit der unionsrechtlichen Bestimmungen wäre beeinträchtigt und der Schutz der durch sie begründeten Rechte gemindert, wenn der Einzelne nicht die Möglichkeit hätte, für den Fall eine Entschädigung zu erlangen, dass seine Rechte durch einen Verstoß gegen das Unionsrecht verletzt werden, der einem Mitgliedstaat zuzurechnen ist.“ [166]

Wortlaut des Art. 291 I AEUV

b) Der Grundsatz der unionsrechtlichen Amtshaftung der Mitgliedstaaten findet zudem eine Stütze im **Wortlaut des Art. 291 I AEUV**, wonach die Mitgliedstaaten alle geeigneten Maßnahmen allgemeiner oder besonderer Art zur Erfüllung der Verpflichtungen aus dem Unionsrecht zu treffen haben. 216

„Zu diesen Verpflichtungen gehört auch diejenige, die rechtswidrigen Folgen eines Verstoßes gegen das Unionsrecht zu beheben.“[167]

II. Voraussetzungen der Staatshaftung

Art des Verstoßes entscheidend

a) Die Voraussetzungen, unter denen die Haftung des Staates einen Entschädigungsanspruch eröffnet, hängen in erster Linie von der **Art des Verstoßes** gegen das Unionsrecht ab, der dem verursachten Schaden zugrunde liegt.[168] 217

RGL der Staatshaftung

Dabei sind zum einen die (o.g.) **Rechtsgrundlagen der unionsrechtlichen Staatshaftung** zu berücksichtigen.[169]

Grundsätze der Haftung der EG

Zum anderen sind die **Grundsätze der außervertraglichen Haftung der Union** heranzuziehen. Dort hat sich der Gerichtshof - durch den Verweis in Art. 340 II AEUV - von den Rechtsordnungen der Mitgliedstaaten gemeinsamen allgemeinen Rechtsgrundsätzen leiten lassen. Auch hier muss er mangels schriftlicher Normen darauf zurückgreifen. Zudem ist kein sachlicher Grund erkennbar, für die Haftung der Mitgliedsstaaten andere Voraussetzungen festzulegen als für die unionsrechtliche Amtshaftung der Union.[170]

b) Allgemein erkennt das Unionsrecht einen Entschädigungsanspruch wegen **Verstoßes gegen das Unionsrecht** an, wenn 218

- die verletzte Rechtsnorm bezweckt, dem Einzelnen Rechte zu verleihen

[166] EuGH, Urt. v. 19.11.1991, a.a.O., Tz. 33 = **juris**byhemmer.

[167] EuGH, Urt. v. 19.11.1991, a.a.O., Tz. 36 = **juris**byhemmer.

[168] EuGH, Urt. v. 05.03.1996, verb. Rs. C-46/93 u. C-48/93, Tz. 38, Slg. 1996, I-1029 - 1163 = **juris**byhemmer; m.V.a. EuGH, Urt. v. 19.11.1991, a.a.O., Tz. 38 = **juris**byhemmer.

[169] EuGH, Urt. v. 05.03.1996, a.a.O., Tz. 39; m.V.a. EuGH, Urt. v. 19.11.1991, a.a.O., Tz. 31 - 36 = **juris**byhemmer.

[170] EuGH, Urt. v. 05.03.1996, a.a.O., Tz. 40 - 42 = **juris**byhemmer.

- der Verstoß hinreichend qualifiziert, d.h. „offenkundig und erheblich“ ist und
- dieser für den Schaden unmittelbar kausal war.[171]

c) Verstößt ein Mitgliedstaat gegen die **Pflicht zur Umsetzung von Richtlinien** gemäß Art. 288 III AEUV i.V.m. Art. 291 I AEUV, so setzt ein Entschädigungsanspruch voraus, dass 219

- die Richtlinie auf die Verleihung von Rechten an Einzelne abzielt und deren Inhalt bestimmbar ist;
- der Verstoß gegen die Umsetzungspflicht hinreichend qualifiziert ist und
- ein unmittelbarer Kausalzusammenhang zwischen dem Verstoß und dem eingetretenen Schaden besteht.[172]

völlige Nichtumsetzung

Die völlige Nichtumsetzung einer Richtlinie stellt stets eine hinreichend qualifizierte Verletzung der Umsetzungspflicht dar. Trifft nämlich ein Mitgliedstaat unter Verstoß gegen die Umsetzungspflicht innerhalb der in einer Richtlinie festgesetzten Frist keinerlei Maßnahmen, obwohl dies zur Erreichung des durch die Richtlinie vorgeschriebenen Zieles erforderlich wäre, so überschreitet er offenkundig und erheblich die Grenzen, die der Ausübung seiner Befugnisse gesetzt sind.[173]

fehlerhafte Umsetzung

Bei lediglich fehlerhafter Umsetzung einer Richtlinie durch den Mitgliedstaat wird es dagegen **vom Einzelfall abhängen**, ob der Umsetzungsfehler einen hinreichend qualifizierten Verstoß darstellt.[174]

hemmer-Methode: Der BGH spricht insoweit zwar von einem unionsrechtlichen Anspruch. Dieser Terminus soll auch hier im weiteren Anwendung finden. Genau genommen handelt es sich aber eben lediglich um einen unionsrechtlich begründeten Anspruch. Weitere Fallgruppen dieses Anspruchs sind:

- **die Nichtanpassung der deutschen Gesetze an die europäischen Vorgaben**
- **die Nichtbeachtung vorrangigen Europarechts durch Behörden oder Gerichte**
- **Das Nichteinschreiten gegen die Beeinträchtigung von Grundfreiheiten von privater Seite.**

---

171 EuGH, Urt. v. 05.03.1996, a.a.O., Tz. 51 = **juris**byhemmer.

172 Vgl. EuGH, Urt. v. 19.11.1991, a.a.O., Tz. 40 = **juris**byhemmer, **Hemmer/Wüst, Europarecht, Rn. 86 ff.**

173 EuGH, verb. Rs. C-178-179/94 u. C-188-190/94, Tz. 26, EuGRZ 1996, 450 - 455 (452).

174 Vgl. bspw. BGH, Beschl. v. 26.04.2012, III ZR 210/11, BFH/NV 2012, 1407 = **juris**byhemmer.

abschließende Regelung

220 d) Damit besteht eine **abschließende Regelung der anspruchsbegründenden Voraussetzungen** eines Anspruchs auf Staatshaftung:

EuGH

> „Die drei vorgenannten Voraussetzungen sind **erforderlich und ausreichend**, um für den Einzelnen einen Entschädigungsanspruch zu **begründen** ... “[175]

Begründung eines neuen Anspruchs

221 Dieser Anspruch steht selbstständig neben etwaigen im nationalen Recht begründeten Ansprüchen und lässt diese unberührt:

EuGH

> „ ... ohne dass es deswegen ausgeschlossen wäre, dass die Haftung des Staates auf der Grundlage des nationalen Rechts unter weniger einschränkenden Voraussetzungen ausgelöst werden kann.“[176]

III. Vollzug des Staatshaftungsanspruchs

222 Sind die Voraussetzungen der Anspruchsbegründung erfüllt, so hat der Staat die Folgen des verursachten Schadens im Rahmen des nationalen Haftungsrechts zu beheben.[177]

Prinzip der institutionellen Eigenständigkeit der MS

223 a) Soweit das Unionsrecht keine Regelung trifft, wenden die Mitgliedsstaaten beim Vollzug dieses Staatshaftungsanspruchs ihr eigenes Prozessrecht an und bestimmen nach nationalem Haftungsrecht die formalen und materiellen Voraussetzungen.[178]

allg. Vollzugsvorgaben des UnionsR

224 b) Sie haben dabei jedoch diejenigen Vorgaben des Unionsrechts zu beachten, die notwendig sind, damit die Wirksamkeit und Einheitlichkeit der Anwendung des Unionsrechts sichergestellt bleibt. Es sind dies jene Vorgaben, die die Mitgliedstaaten auch generell beim Vollzug des Unionsrechts zu beachten haben:[179]

Diskriminierungsverbot

Die im Schadensersatzrecht der einzelnen Mitgliedstaaten festgelegten materiellen und formellen Voraussetzungen dürfen nicht ungünstiger sein als bei ähnlichen Klagen, die nur nationales Recht betreffen (Diskriminierungsverbot).

Effizienzgebot

Zudem dürfen diese Anspruchsvoraussetzungen nicht so ausgestaltet sein, dass sie es praktisch unmöglich machen oder übermäßig erschweren, die Entschädigung zu erlangen (Effizienzgebot).

---

[175] EuGH, Urt. v. 05.03.1996, a.a.O., Tz. 66 = **juris**byhemmer; vgl. auch EuGH, Urt. v. 19.11.1991, a.a.O., Tz. 40 = **juris**byhemmer.

[176] EuGH, Urt. v. 05.03.1996, a.a.O., Tz. 66 = **juris**byhemmer.

[177] EuGH, Urt. v. 05.03.1996, a.a.O., Tz. 67; m.V.a. EuGH, Urt. v. 19.11.1991, a.a.O., Tz. 41 - 43 = **juris**byhemmer.

[178] EuGH, Urt. v. 19.11.1991, a.a.O., Tz. 42 = **juris**byhemmer.

[179] EuGH, Urt. v. 05.03.1996, a.a.O., Tz. 83; EuGH, Urt. v. 19.11.1991, a.a.O., Tz. 43 = **juris**byhemmer.

hemmer-Methode: Das Unionsrecht beschränkt sich also auf die Festlegung der Voraussetzungen der Anspruchsbegründung sowie der grundlegenden Vorgaben für den Vollzug dieses Anspruchs. Eine eigene (vollständige) Anspruchsgrundlage des Staatshaftungsanspruchs gibt das Unionsrecht jedoch nicht her.

IV. Einordnung des Staatshaftungsanspruchs in das deutsche Amtshaftungsrecht

Die dogmatische Einordnung des unionsrechtlichen Staatshaftungsanspruchs in das deutsche Amtshaftungsrecht ist umstritten.[180] 225

Auslegung aller TBM

a) Nach einer Auffassung sind auf den unionsrechtlichen Staatshaftungsanspruch die Tatbestandsvoraussetzungen des nationalen Haftungsrechts in unionsrechtskonformer Auslegung anzuwenden. 226

Das bedeutet, dass die anspruchsbegründenden Voraussetzungen des § 839 BGB i.V.m. Art. 34 GG so ausgelegt werden müssen, dass sie zumindest im Ergebnis exakt den unionsrechtlichen Voraussetzungen an die Anspruchsbegründung entsprechen.

Hinsichtlich der **übrigen Haftungsvoraussetzungen** gelten die allgemeinen unionsrechtlichen Vollzugsvorgaben (Effizienzgebot und Diskriminierungsverbot). Das Gleiche gilt für die Regelungen der **prozessualen Durchsetzung** des Anspruchs.

AGL: § 839 BGB, Art. 34 GG

Anspruchsgrundlage des unionsrechtlichen Staatshaftungsanspruchs sind nach dieser Auffassung also **§ 839 BGB i.V.m. Art. 34 GG** – freilich in unionskonformer Auslegung. 227

Anwendungsvorrang hins. Anspruchsbegründung

b) Nach anderer Auffassung sind hinsichtlich der Anspruchsbegründung direkt diejenigen Tatbestandsvoraussetzungen anzuwenden, die sich aus den allgemeinen Rechtsgrundsätzen des Unionsrechts ergeben. Insoweit enthält das Unionsrecht nämlich eine abschließende Regelung, die die Anwendung der anspruchsbegründenden Voraussetzungen nationaler Amtshaftungsansprüche (vollständig) verdrängt. 228

---

180 Vgl. ausführlich hierzu **Hemmer/Wüst, Europarecht, Rn. 382a ff.**

anspruchsbegründende Voraussetzungen gemäß § 839 BGB i.V.m. Art. 34 GG

1. Handeln eines Amtswalters
2. in Ausübung seines Amtes
3. Verletzung der Amtspflicht
4. Drittbezogenheit der Amtspflicht
5. Verschulden
6. Schaden und Kausalität
7. Haftungsprivilegierungen

anspruchsbegründende Voraussetzungen nach allg. Rechtsgrds. d. UnionsR

1. Verletzung einer UnionsR-Norm, die bezweckt, dem Einzelnen Rechte zu verleihen und
2. hinreichende Qualifikation des Verstoßes und
3. Schaden und Kausalität

i.Ü. Auslegung

Die **übrigen Haftungsvoraussetzungen** werden mangels abschließender unionsrechtlicher Regelung grundsätzlich nicht 229
verdrängt. Es gelten hier also die allgemeinen unionsrechtlichen Vollzugsvorgaben. So kann bspw. der Haftungsausschluss nach § 839 III BGB als Gedanke des Mitverschuldens grundsätzlich angewendet werden.[181] Auch die Verjährung richtet sich allein nach nationalem Recht.[182]

Das Gleiche gilt für die Regelungen der **prozessualen Durchsetzung** des Anspruchs.

AGL: ARG i.V.m. § 839 BGB, Art. 34 GG

Anspruchsgrundlage des unionsrechtlichen Staatshaftungsan- 230
spruchs sind nach dieser Auffassung also die **allgemeinen Rechtsgrundsätze des Unionsrechts i.V.m. § 839 BGB und Art. 34 GG**.

BGH/EuGH: offen gelassen

c) Der **BGH** hat die Entscheidung darüber, welcher Auffassung 231
zu folgen sei, bisher ausdrücklich offen gelassen.[183] Und auch die Rechtsprechung des **EuGH** ergibt kein klares Ergebnis dazu. Letztlich dürften aber ohnehin beide Auffassungen stets zum selben Ergebnis kommen, sodass die Entscheidung darüber dahingestellt bleiben kann.

hemmer-Methode: Auch wenn man als Anspruchsgrundlage weiterhin § 839 BGB heranzieht, muss dieser soweit modifiziert werden, dass er nicht über die drei europarechtlichen Anspruchsvoraussetzungen hinausgehende Anforderungen enthält. So entfällt nach der Rechtsprechung des EuGH bspw. die Richterspruchprivilegierung nach § 839 II BGB.[184]

---

181 EuGH, Urt. v. 24.03.2009, C-445/06, Danske Slagterier, NVwZ 2009, 771 - 776.

182 BGH, EuZW 2009, 865 - 872 = **juris**byhemmer.

183 Vgl. bspw. BGH, Beschl. v. 26.04.2012, III ZR 210/11, BFH/NV 2012, 1407 = **juris**byhemmer.

184 EuGH, NJW 2003, 3539 - 3544 = **juris**byhemmer, bspr. von Grune, BayVBl. 2004, 673.

V. Abschließende Beispielsfälle zur Haftung der Mitgliedsstaaten für Unionsrechtsverstöße

Bsp. 1: Die Richtlinie 80/987 verpflichtete die Mitgliedstaaten, Garantieeinrichtungen zu schaffen, welche sicherstellen sollten, dass im Falle eines Unternehmenskonkurses die noch ausstehenden Lohnforderungen der Arbeitnehmer befriedigt werden können.

Italien setzte die Richtlinie nicht fristgerecht in innerstaatliches Recht um. Inzwischen waren mehrere Unternehmen in Konkurs gefallen. Der betroffene Arbeitnehmer Francovich verklagte seinen Arbeitgeber erfolgreich auf Lohnzahlung, eine Vollstreckung blieb jedoch erfolglos. Er verklagte deshalb den italienischen Staat auf Zahlung des Arbeitsentgelts und berief sich diesbezüglich auf die unmittelbare Wirkung der Richtlinie 80/987. Hilfsweise verlangte er Schadensersatz. Das nationale Gericht legte dem EuGH entsprechende Fragen zur Vorabentscheidung vor. Der EuGH verneinte die unmittelbare Anwendbarkeit der Richtlinie und bejahte die Frage nach der Schadensersatzverpflichtung dahingehend, dass Staaten wegen Nichtumsetzung einer Richtlinie unter bestimmten Voraussetzungen haften würden.[185]

Die volle Wirksamkeit des Unionsrechts wäre beeinträchtigt und der Schutz der Rechte, die das Unionsrecht dem Einzelnen verleiht, wäre vermindert, wenn der Einzelne für die den Mitgliedstaaten zurechenbaren Unionsrechtsverstöße keine Entschädigung verlangen könnte. Der Grundsatz einer Staatshaftung gehört somit zum Wesen der durch den EGV geschaffenen Rechtsordnung. Die Verpflichtung der Mitgliedstaaten zum Schadensersatz ergibt sich auch aus Art. 5 EWGV (Art. 291 I AEUV), wonach die Mitgliedstaaten alle geeigneten Maßnahmen zur Erfüllung ihrer Verpflichtungen aus dem Unionsrecht treffen. Zu diesen Verpflichtungen gehört aber auch die Behebung der Folgen eines Unionsrechtsverstoßes.

Die Voraussetzungen einer unionsrechtlich gebotenen Staatshaftung hängen von der Art des Verstoßes gegen das Unionsrecht ab. Erfüllt ein Mitgliedstaat seine Verpflichtungen aus Art. 189 III EWGV (jetzt Art. 288 III AEUV) nicht, so entsteht ein Entschädigungsanspruch unter drei Voraussetzungen: Erstens muss die Richtlinie bezwecken, dem Einzelnen Rechte zu verleihen. Zweitens muss der Inhalt dieser Rechte bestimmbar sein. Drittens muss ein Kausalzusammenhang zwischen dem Unionsrechtsverstoß und dem dem Einzelnen entstandenen Schaden bestehen.

Mangels unionsrechtlicher Regelung ist die Durchsetzung des unionsrechtlichen Haftungsanspruches Sache des nationalen Haftungsrechts.

185 EuGH, Urt. v. 19.11.1991, Rs. C-6 u. 9/90, Francovich u.a., Tz. 37, Slg. 1991, I-5357 - 5418 = **juris**byhemmer.

Allerdings dürfen die materiellen und formellen Haftungsvoraussetzungen nicht ungünstiger sein als bei Klagen, die nur nationales Recht betreffen. Sie dürfen zudem nicht so ausgestaltet sein, dass sie die Entschädigung praktisch unmöglich machen oder übermäßig erschweren.

Bsp. 2: *Unter Berufung auf das Reinheitsgebot verbot die Bundesrepublik Deutschland der französischen Brauerei Brasserie du Pêcheur, ihre Produkte, die diesem Gebot nicht entsprachen, in Deutschland zu vertreiben. Der EuGH stellte in einem Urteil (EuGH, Slg. 1987, 1227) fest, dass das Reinheitsgebot gegen Art. 30 EWGV (jetzt Art. 34 AEUV) verstieß. Im Anschluss an dieses Urteil verklagte die Brauerei die Bundesrepublik auf Ersatz des ihr wegen der Einfuhrbeschränkung entgangenen Gewinns. Das Gericht legte dem EuGH gemäß Art. 177 EGV (jetzt Art. 267 AEUV) die Frage vor, ob und unter welchen Voraussetzungen ein gemeinschaftsrechtlich begründeter Ersatzanspruch bestehe, wenn durch ein nationales Gesetz gegen unmittelbar anwendbares primäres Gemeinschaftsrecht (jetzt Unionsrecht) verstoßen werde. Die Existenz eines solchen Ersatzanspruches sei deshalb zweifelhaft, da dem Geschädigten durch die unmittelbare Anwendbarkeit der betreffenden Gemeinschaftsrechtsnormen (jetzt Unionsrechtsnormen) im nationalen Recht ein Klagerecht für die Geltendmachung der Ansprüche zuerkannt sei,*

Insoweit bestehe also kein Bedürfnis für eine gemeinschaftsrechtliche Staatshaftung.[186]

Wie im Urteil „Francovich" bereits festgestellt, ist die mitgliedstaatliche Haftung für Verstöße gegen das Unionsrecht ein Grundsatz des Unionsrechts. Dieser Grundsatz gilt für jede Art des Verstoßes gegen das Unionsrecht unabhängig davon, welches mitgliedstaatliche Organ den Verstoß begangen hat.

Die Möglichkeit für den Einzelnen, sich vor den nationalen Gerichten auf unmittelbar anwendbare Vertragsbestimmungen zu berufen, stellt nur eine Mindestgarantie dar und reicht nicht aus, um die uneingeschränkte Anwendung des Vertrags zu gewährleisten. Im Fall der Verletzung eines durch eine unmittelbar anwendbare Unionsnorm verliehenen Rechts, stellt der Entschädigungsanspruch die notwendige Ergänzung der unmittelbaren Wirkung dar. Im Zusammenhang mit den Voraussetzungen, unter denen ein Entschädigungsanspruch nach dem Unionsrecht entsteht, ist daran zu erinnern, dass diese von der Art des Verstoßes gegen das Unionsrecht abhängen.

---

[186] EuGH, Urt. v. 05.03.1996, C-46/93 und C-48/93, Brasserie du Pêcheur, Slg. 1996, I-1029 - 1163 = jurisbyhemmer.

Insoweit können die für die außervertragliche Haftung der Union nach Art. 215 II EGV (jetzt Art. 340 II AEUV) entwickelten Voraussetzungen herangezogen werden, da der Schutz der durch das Unionsrecht verliehenen Rechte nicht unterschiedlich sein kann, je nachdem ob ein Unionsorgan oder ein nationales Organ den Schaden verursacht hat.

Danach entsteht in Fällen, in denen dem nationalen Gesetzgeber ein Ermessensspielraum zur Verfügung steht, ein Entschädigungsanspruch dann, wenn die verletzte Unionsnorm bezweckt, dem Einzelnen Rechte zu verleihen, wenn der Verstoß hinreichend qualifiziert ist und wenn schließlich zwischen dem Unionsrechtsverstoß und dem entstandenen Schaden ein unmittelbarer Kausalzusammenhang besteht. Ein hinreichend qualifizierter Verstoß gegen das Unionsrecht ist dann anzunehmen, wenn der Mitgliedstaat sein Ermessen offenkundig und erheblich überschritten hat.

Diesbezüglich sind zu berücksichtigen das Maß an Klarheit und Genauigkeit der verletzten Vorschrift, der Umfang des Ermessensspielraums, die Frage, ob der Verstoß oder der Schaden vorsätzlich oder nicht vorsätzlich hervorgerufen wurde, die Entschuldbarkeit eines etwaigen Rechtsirrtums und der Umstand, dass das Verhalten eines Unionsorgans möglicherweise zu dem Verstoß durch den Mitgliedstaat beigetragen hat.

Die im deutschen Recht für eine Entschädigung geltende Voraussetzung, dass eine individual ausgerichtete Pflicht verletzt worden sein muss, ist in Fällen des Verstoßes des nationalen Gesetzgebers gegen Unionsrecht außer Acht zu lassen, da andernfalls die Durchsetzung des unionsrechtlichen Haftungsanspruches praktisch unmöglich gemacht würde.

Ebenso darf eine Schadensersatzverpflichtung nicht von einem Verschuldensbegriff abhängig gemacht werden, der über das Erfordernis eines hinreichend qualifizierten Verstoßes hinausgeht.

Der Ersatz der durch die Unionsrechtsverstöße entstandenen Schäden muss angemessen sein, sodass ein effektiver Schutz der Rechte des Einzelnen gewährleistet ist.

Ein den Unionsrechtsverstoß feststellendes Urteil des EuGH ist keine Voraussetzung für einen Ersatzanspruch, da sein Vorliegen nicht unbedingt notwendiges Kriterium für die Annahme eines hinreichend qualifizierten Verstoßes ist.

§ 10 DIE GRUNDFREIHEITEN DES BINNENMARKTES

A) Das System der Grundfreiheiten

vier Grundfreiheiten

Das Binnenmarktkonzept des EAUV kennt vier Grundfreiheiten - den freien Verkehr von Waren, Kapital, Personen (Arbeitnehmerfreizügigkeit und Niederlassungsfreiheit) und Dienstleistungen. Ergänzt werden sie durch die Zahlungsverkehrsfreiheit als Hilfsfreiheit, die auch als fünfte Grundfreiheit bezeichnet wird. 232

Funktion der Grundfreiheiten

Sie haben die Funktion, binnengrenzüberschreitende wirtschaftliche Betätigung vor Benachteiligungen gegenüber entsprechenden rein innerstaatlichen Vorgängen zu schützen.[187] Dadurch soll bewirkt werden, dass die formal noch bestehenden Binnengrenzen zwischen den Mitgliedstaaten wirtschaftlich an Bedeutung verlieren, vgl. Art. 26 II AEUV.

unmittelbare objektiv-rechtliche Wirkung

Die Grundfreiheiten entfalten (mit Ausnahme von Art. 45 III lit. d AEUV) unmittelbare Wirkungen im innerstaatlichen Rechtsraum.

Die Grundfreiheiten stellen innerstaatlich objektives Recht dar und sind deshalb von jedem innerstaatlichen Rechtsanwender zu beachten und unmittelbar anzuwenden.

unmittelbare subjektiv-rechtliche Wirkung

Die Grundfreiheiten verleihen zudem subjektive Rechte. Begünstigte der Grundfreiheiten, die sich dementsprechend auf diese Normen berufen können, sind jedenfalls die Leistungserbringer und die Leistungsempfänger.

geschlossenes Schutzsystem

Die einzelnen Grundfreiheiten stehen nur für einzelne Facetten dieser Vielfalt. Zusammen bilden sie jedoch ein **geschlossenes Schutzsystem für binnengrenzüberschreitende wirtschaftliche Betätigungen jeglicher Art**.

Konvergenz der Grundfreiheiten

Vor diesem Hintergrund ist die zunehmende **Konvergenz der Dogmatik der Grundfreiheiten** nur folgerichtig. 233

Die Personenverkehrsfreiheiten, Art. 45, 49 AEUV, werden seit langem als dogmatische Zwillinge betrachtet. Gleiches gilt für die Waren- und die Kapitalverkehrsfreiheit (Gegenstandsverkehrsfreiheiten), Art. 34 AEUV. Und über die Dienstleistungsfreiheit sind sie alle miteinander verwandt.

---

187 Jarass, EuR 1995, 202 (216).

So ist auch der Grundaufbau der Prüfung jeder Grundfreiheit im Wesentlichen gleich:

1. **Anwendbarkeit** der Grundfreiheiten
2. **Anwendungsbereich** (≈ **Schutzbereich)** der Grundfreiheit
3. **Relevante (i.d.R. staatliche) Maßnahme** (≈ **Eingriff** in die Grundfreiheit)
4. Ggf. **Bereichsausnahmen**
5. **Rechtfertigung** des Eingriffs

I. Anwendbarkeit der Grundfreiheiten

Vorrang des Sekundärrechts

Soweit die Union von ihrer Kompetenz zur Rechtsangleichung Gebrauch gemacht und eine abschließende sekundärrechtliche Regelung getroffen hat, sind innerstaatliche Rechtsvorschriften in erster Linie hieran zu prüfen.[188] Die Grundfreiheiten sind also nur anwendbar, wenn keine abschließenden sekundärrechtlichen Bestimmungen existieren.

hemmer-Methode: In Pflichtfachklausuren dürfte das Sekundärrecht nur eine untergeordnete Rolle spielen (wenn überhaupt), sodass der Punkt „Vorrang des Sekundärrechts" im Einzelfall auch übergangen werden kann.

II. Die Anwendungsbereiche der Grundfreiheiten

Der Anwendungsbereich einer jeden Grundfreiheit wird durch drei Merkmale definiert. 234

1. Freiheitsspezifisches Merkmal

Zuordnung zu einer GF

Die einzelnen Grundfreiheiten schützen jeweils spezifische Arten grenzüberschreitender wirtschaftlicher Betätigungen. Die Zuordnung eines solchen Leistungsvorgangs zur einschlägigen Grundfreiheit erfolgt über das jeweilige freiheitsspezifische Merkmal. 235

188 Vgl. etwa EuGH, Urt. v. 11.05.1999, Rs. C-350/97 (Wilfried Monsees/Unabhängiger Verwaltungssenat für Kärnten), Slg. 1999, I-2921 - 2946; EuGH, Urt. v. 11.12.2003, Rs. C-322/01 (Deutscher Apothekerverband/Doc Morris u.a.), NJW 2004, 131,133.; EuGH, Urt. v. 14.12.2004, Rs. C-309/02 (Radlberger), GewArch 2005, 198 - 201.

Grenzüberschreitende wirtschaftliche Betätigung ist auf vielfältige Weise möglich. Der Leistungserbringer kann dazu die Grenze überschreiten, der Leistungsempfänger kann die Grenze überschreiten, oder nur die Leistung bzw. der Leistungsgegenstand überschreitet die Grenze.

Gegenstandsverkehrsfreiheiten

a) Die **Warenverkehrsfreiheit** sowie die **Kapitalverkehrsfrei-** 236
heit erfassen bestimmte Fälle der Grenzüberschreitung des Leistungsgegenstandes (Ware bzw. Kapital). Man kann sie demgemäß systematisch auch als **Gegenstandsverkehrsfreiheiten** zusammenfassen.

Personenverkehrsfreiheiten

b) Sie stehen damit begrifflich den **Personenverkehrsfreihei-** 237
ten (Arbeitnehmerfreizügigkeit und Niederlassungsfreiheit) gegenüber. Diese erfassen diejenigen Fälle, in denen der Leistungserbringer (Arbeitnehmer bzw. Selbstständiger/Unternehmen) die Grenze überschreitet, um sich in das dortige Wirtschaftssystem zu integrieren und die entsprechenden Leistungen zu erbringen.

Auffanggrundfreiheit

c) Die **Dienstleistungsfreiheit** erfasst alle sonstigen Fälle 238
grenzüberschreitender wirtschaftlicher Betätigung in der Union. Sie beinhaltet sowohl gegenständliche als auch personelle Erscheinungsformen und bildet zwischen diesen die Schnittstelle.

Subsidiaritätsregeln

Die Gegenstandsverkehrsfreiheiten sind gegenüber den Perso- 239
nenverkehrsfreiheiten und diese gegenüber der Dienstleistungsfreiheit vorrangig.

2. Unionsspezifisches Merkmal

Bezug zur EU

Es entspricht der protektionistischen Funktion des Binnenmark- 240
tes gegenüber Drittstaaten, dass nur jene Leistungsvorgänge von den Grundfreiheiten erfasst werden, die einen **spezifischen Bezug zur Europäischen Union** aufweisen. Dieser wird über das jeweilige unionsspezifische Merkmal hergestellt.

> **Bsp.:** *Die Warenverkehrsfreiheit verlangt z.B., dass der Gegenstand des Handelsgeschäfts eine Unionsware ist, bei den Personenverkehrsfreiheiten muss der Leistungserbringer Unionsbürger sein etc.*

3. Verkehrsspezifisches Merkmal

binnengrenzüberschreitendes Element

Eine weitere Eingrenzung erfahren die Schutzbereiche der 241
Grundfreiheiten dadurch, dass sie nur binnengrenzüberschreitende Leistungserbringungen erfassen.

Das **Erfordernis eines binnengrenzüberschreitenden Elements** stellt das verkehrsspezifische Merkmal dar.

Nicht anwendbar sind die Grundfreiheiten daher auf rein innerstaatliche sowie außengrenzüberschreitende Vorgänge, die keinerlei binnengrenzüberschreitenden Bezug aufweisen.[189]

Allerdings ist der Gerichtshof relativ großzügig, was die Annahme des grenzüberschreitenden Elements angeht. So bejaht er dieses auch dann, wenn ein deutscher Reiseleiter deutschen Touristen gegenüber in Spanien Dienstleistungen erbringt.[190] Es genügt jegliches grenzüberschreitendes Element, eine „Nationenverschiedenheit" ist gerade nicht erforderlich.

III. Eingriffe in die Grundfreiheiten

1. Beeinträchtigungen der Grundfreiheiten

Gebhard-Urteil

Alle Maßnahmen, die geeignet sind, die Ausübung der Grundfreiheiten zu behindern oder weniger attraktiv zu machen, sind rechtfertigungsbedürftig.[191] 242

Davon werden zumindest solche Maßnahmen umfasst, die geeignet sind,

- den **Marktzugang** ausländischer Leistungen **zu versperren oder stärker zu behindern**, als sie dies für inländische Leistungen tun,[192]
- den **Marktzugang** für inländische Leistungen gegenüber ausländischen Leistungen **zu bevorteilen**[193] oder
- den **Marktzugang** inländischer Leistungen in einem anderen Mitgliedstaat **unmittelbar zu beeinflussen**.[194]

hemmer-Methode: Auf eine diskriminierende Wirkung kommt es entgegen der z.T. früher h.M. nicht mehr an. Alle Grundfreiheiten sind auch auf unterschiedslos wirkende Maßnahmen anwendbar![195]

---

[189] Eine Ausnahme stellt die Entscheidung der Großen Kammer des EuGH, Urt.v. 08.03.2011, C-34/09, NJW 2011, 2033 - 2034 = **juris**byhemmer dar, bei der Art. 20 AEUV auch ohne grenzüberschreitendes Element angewendet wurde.

[190] EuGH, Urt. v. 07.07.1976, Rs. 118/75 (Watson und Belmann), Slg. 1976, 1185 (1196); EuGH, Urt. v. 31.01.1984, Verb.Rs. 286/82 u. 26/83 (Luisi und Carbone), Slg. 1984, 377.

[191] Vgl. EuGH, Urt. v. 30.11.1995, Rs. C-55/94, Gebhard, Tz. 37, Slg. 1995, I-4165 - 4201.

[192] Vgl. EuGH, Urt. v. 24.11.1993, Rs. C-267 u. 268/91, Keck, Tz. 17, Slg. 1993, I-6097 - 6132 = **juris**byhemmer.

[193] Vgl. EuGH, Urt. v. 08.11.1979, Rs. C-15/79, Groenveld, Tz. 7, Slg. 1979, 3409 - 3421.

[194] Vgl. EuGH, Urt. v. 10.05.1995, Rs. C-384/93, Alp. Investments, Tz. 38, Slg. 1995, I-1141 - 1184.

[195] EuGH, Urt. v. 19.02.2002, C-309/99, DVBl. 2002, 464 - 469 = **juris**byhemmer.

2. Verpflichtete der Grundfreiheiten

MS und EG

a) Grundfreiheitsverpflichtete sind in erster Linie die **Mitgliedstaaten** und ihre Organe. Das gleiche gilt zudem für die **Union** und ihre Organe.[196] 243

Zurechnung nach VöR-Grundsätzen

b) Das **Handeln Privater** wird den Mitgliedstaaten nach völkerrechtlichen Grundsätzen **zugerechnet**, soweit es auf Initiative staatlicher Organe erfolgt.[197] 244

mittelbare Drittwirkung

c) Zudem kann ein **rechtserhebliches Unterlassen der Mitgliedstaaten** vorliegen, wenn sie massive Eingriffe Privater in den sachlichen Gewährleistungsgehalt der Grundfreiheiten nicht unterbinden, wozu sie zumindest unter Rückgriff auf Art. 291 I AEUV verpflichtet sind.[198] 245

unmittelbare Drittwirkung

d) Ob und inwieweit darüber hinaus auch **Private** zur Einhaltung der Grundfreiheiten verpflichtet sind, ist noch nicht vollständig geklärt. 246

Für **kollektive Regelungen im Arbeits- und Dienstleistungsbereich** wurde dies ausdrücklich bejaht, damit sich die Mitgliedstaaten nicht durch die Autonomie der Sozialpartner den Verpflichtungen aus dem EAUV entziehen können.[199]

Man wird dies soweit verallgemeinern können, dass **alle Maßnahmen Privater, die aufgrund ihrer faktischen Auswirkungen auf das Wirtschaftsleben den gleichen Stellenwert wie staatliche Maßnahmen haben**, den Vorgaben der Grundfreiheiten unterliegen.[200]

> ***Bsp.:*** *Gewerkschaften, Unternehmerverbände, Sportverbände etc.*

IV. Bereichsausnahmen

Die Personenverkehrsfreiheiten sowie die Dienstleistungsfreiheit eröffnen den Mitgliedstaaten über **Art. 45 IV AEUV** sowie **Art. 51 (i.V.m. Art. 62) AEUV** bestimmte „Eingriffsmöglichkeiten", indem sie ihnen das Recht einräumen, den Zugang zu bestimmten Tätigkeiten eigenen Staatsangehörigen vorzubehalten. 247

---

196 EuGH, Urt. v. 17.05.1984, Rs. 15/83, Tz. 15, Slg. 1984, 2171.

197 EuGH, Urt. v. 24.11.1982, Rs. 249/81, Buy Irish, Tz. 29, Slg. 1982, 4005.

198 EuGH, Urt. v. 09.12.1997, Rs. C-265/95, Agrarblockaden (französische Landwirte), Tz. 32, Slg. 1997, I-6959 - 7006.

199 EuGH, Urt. v. 12.12.1974, Rs. 36/74, Walrave, Tz. 16/19, Slg. 1974, 654; EuGH, Urt. v. 16.03.201, Olympique Lyonnais, NJW 2010, 1733 - 1736 = **Life&Law 12/2010, 840 - 850** = **juris**byhemmer.

200 EuGH, Urt. v. 19.02.2002, C-309/99, DVBl. 2002, 464 - 469 = **juris**byhemmer; EuGH, Urt. v. 06.06.2000, C-281/98, JuS 2000, 1111 - 1113.

hemmer-Methode: Da die jeweiligen Tätigkeiten von den Grundfreiheiten bereits gar nicht erfasst werden, liegt streng genommen auch keine „Eingriffsmöglichkeit" vor.

V. Rechtfertigung von Eingriffen

Neben den Bereichsausnahmen stehen den Grundfreiheitsverpflichteten verschiedene Eingriffsmöglichkeiten zur Verfolgung **bestimmter wichtiger Ziele** zur Verfügung. 248

1. Geschriebene Rechtfertigungsgründe

ausdrückliche vertragliche Schutzklauseln

Der EAUV sieht selbst ausdrücklich verschiedene sog. **Schutzklauseln** zur Wahrung bestimmter einzelstaatlicher Grundinteressen vor: Art. 36, 45 III, 52 I (i.V.m. Art. 62), 65 AEUV. 249

Diese Gründe sind jeweils abschließend aufgezählt und eng auszulegen.

2. Ungeschriebene Rechtfertigungsgründe

ungeschriebene primärrechtsimmanente Schranken

Darüber hinaus sind Eingriffe in die Grundfreiheiten, die unterschiedslos gelten, auch aus zwingenden Gründen des Allgemeininteresses bzw. aus zwingenden Erfordernissen des Allgemeinwohls erlaubt. Es handelt sich um **ungeschriebene primärrechtsimmanente Schranken** der Grundfreiheiten. Auf offene, unmittelbare Diskriminierungen sind diese ungeschriebenen Rechtfertigungsgründe allerdings nicht anwendbar, solche Diskriminierungen können nur im Rahmen der geschriebenen Schranken gerechtfertigt werden. 250

Ähnlichkeit zu verfassungsimmanenten Schranken

Die zwingenden Gründe des Allgemeinwohls in diesem Sinne sind aus dem übrigen Unionsrecht abzuleiten und müssen so gewichtig sein, dass sie der (ebenfalls im unionsrechtlichen Allgemeininteresse liegenden) Grundfreiheit vorgehen.

Ziele national-wirtschaftlicher Art konterkarieren das Ziel der Grundfreiheiten geradezu. Sie können deshalb keinesfalls Eingriffe rechtfertigen.[201]

[201] Vgl. EuGH, Urt. v. 05.06.1997, Rs. C-398/95, Tz. 23, Slg 1997, I-3091-3122.

Zudem sind durch die Mitgliedstaaten die **Maßnahmen, die der Herkunftsstaat der betroffenen wirtschaftlichen Betätigung zur Erreichung des Ziels schon getroffen hat,** grundsätzlich als ausreichend anzuerkennen. Diese Pflicht wird aus Art. 4 III AEUV abgeleitet. 251

Effizienzgebot

a) Das **Effizienzgebot** verbietet sowohl im Rahmen der geschriebenen wie auch der ungeschriebenen Rechtfertigungsgründe alle Maßnahmen, die die Grundfreiheit ihrer praktischen Wirksamkeit völlig berauben.[202] 252

Verhältnismäßigkeitsprinzip

b) Im Übrigen sind Eingriffe nur zulässig, wenn sie in Bezug auf das verfolgte Ziel durch Beachtung des **Verhältnismäßigkeitsprinzips** gerechtfertigt sind. 253

Beachtung der ARG

Des Weiteren ist die Rechtfertigung eines Eingriffs in eine Grundfreiheit im Lichte der allgemeinen Rechtsgrundsätze auszulegen.[203] Es darf nicht zugleich **in andere unionsrechtlich geschützte Güter unverhältnismäßig eingegriffen** werden. Die Handelnden müssen bei ihren Maßnahmen insbesondere die **Unionsgrundrechte** ausreichend berücksichtigen. Etwaige Beeinträchtigungen müssen zu einem verhältnismäßigen Ausgleich gebracht werden.[204] 254

allg. Gleichheitssatz

c) Die Maßnahmen dürfen nicht gegen den **allgemeinen Gleichheitssatz** verstoßen, d.h., sie müssen in nichtdiskriminierender Art gelten, dürfen also keine offene, unmittelbare Diskriminierung beinhalten.[205] 255 - 256

Missbrauchsverbot

d) Daneben gilt für alle Eingriffe das **Missbrauchsverbot**. Es verbietet alle Maßnahmen, bei denen, obwohl sie objektiv gerechtfertigt sind, die Benachteiligung einer durch eine Grundfreiheit geschützten wirtschaftlichen Betätigung gerade gewollt ist. 257

Das Missbrauchsverbot ist in Art. 36 S. 2 und 65 III AEUV ausdrücklich angeführt, stellt jedoch darüber hinaus einen **allgemeinen Grundsatz des Unionsrechts** dar. Für Handlungen der Unionsorgane ist es insoweit identisch mit dem Ermessensmissbrauch i.S.d. Art. 263 II AEUV.

---

202 Vgl. EuGH, Urt. v. 12.07.1984, Rs. 107/83, Klopp, Tz. 20, Slg. 1984, 2971.

203 EuGH, Urt. v. 18.06.1991, Rs. C-260/89, ERT, Tz. 43, Slg. 1991, I-2925 - 2966.

204 EuGH, Urt. v. 18.06.1991, Rs. C-260/89, ERT, Tz. 43, Slg. 1991, I-2925 - 2966.

205 EuGH, Urt. v. 30.11.1995, Rs. C-55/94, Gebhard, Tz. 37, Slg. 1995, I-4165 - 4201 (Fn. 191).

VI. Prüfungsschema zu den Grundfreiheiten 258

I. Schutzbereich der Grundfreiheit

- freiheitsspezifisches Merkmal
- unionsspezifisches Merkmal
- verkehrsspezifisches Merkmal

II. Eingriff in die Grundfreiheit

- Beeinträchtigung der Ausübung der Grundfreiheit
- durch einen Grundfreiheitsverpflichteten

III. Bereichsausnahmen

Mittelorientierte Ausnahmen
Art. 45 IV, 51 I (i.V.m. Art. 62) AEUV

IV. Rechtfertigung des Eingriffs

ausdrückliche **vertragliche Schutzklauseln** zur Wahrung **einzelstaatlicher** Grundinteressen: Art. 36, 45 III, 52 I (i.V.m. Art. 62), 65 AEUV	ungeschriebene **primärrechtsimmanente Schranken** zur Wahrung des **gemeinschaftlichen** Allgemeinwohls bzw. Allgemeininteresses

- Beachtung der Subsidiaritätsgebote
- Beachtung des Effizienzgebotes
- Beachtung des Verhältnismäßigkeitsprinzips
- Beachtung des allgemeinen Gleichheitssatzes
- Beachtung der Unionsgrundrechte
- Beachtung des Missbrauchsverbotes

B) Warenverkehrsfreiheit, Art. 28 ff. AEUV

I. Schutzbereich der Warenverkehrsfreiheit

1. Freiheitsspezifisches Merkmal

Warenhandel

Die Warenverkehrsfreiheit schützt den unionsinternen, grenzüberschreitenden Warenhandel. Sie erfasst alle wirtschaftlichen Betätigungen, in deren Verlauf eine Ware als Leistungsgegenstand die Grenze überschreitet. 259

Ware

Der Begriff der „Ware“ ist unionseinheitlich autonom und weit auszulegen. Waren sind „alle körperlichen Gegenstände, die einen Geldwert haben und deswegen Gegenstand von Handelsgeschäften sein können“.[206] In einer späteren Entscheidung scheint der EuGH auf das Erfordernis des Geldwertes verzichtet zu haben.[207]

2. Unionsspezifisches Merkmal

Unionsware

Die Warenverkehrsfreiheit erstreckt sich nur auf sog. „Unionswaren“. Darunter fallen alle aus der Union stammenden Waren sowie diejenigen Waren aus Drittstaaten, die sich in den Mitgliedstaaten im freien Verkehr befinden (Art. 28 II AEUV). 260

Als Letztere gelten die Waren, für die in dem betreffenden Mitgliedsstaat die Einfuhrförmlichkeiten erfüllt sowie die vorgeschriebenen Zölle und Abgaben gleicher Wirkung erhoben und nicht ganz oder teilweise rückvergütet worden sind (Art. 29 AEUV).

irrelevant

Staatsangehörigkeit und Ansässigkeit des Leistungserbringers bzw. -empfängers sind irrelevant.

3. Verkehrsspezifisches Merkmal

binnengrenzüberschreitendes Element

Die Warenverkehrsfreiheit erfasst nur binnengrenzüberschreitende Vorgänge - den Warenhandel **zwischen** den Mitgliedstaaten. 261

[206] EuGH, Urt. v. 10.12.1968, Rs. 7/68, Kunstschätze I, Slg. 1968, 633 (642).

[207] EuGH, Urt. v. 09.07.1992, Rs. C-2/90, Tz. 26, Slg. 1992, I-4431 - 4481 (I-4478) = **juris**byhemmer: auch Abfälle sind Waren i.S.d. Art. 28 ff. AEUV.

II. Eingriffe in die Warenverkehrsfreiheit

1. Verbot von Binnenzöllen

Gemäß Art. 30 AEUV sind die Erhebung von Ein- oder Ausfuhrzöllen zwischen den Mitgliedstaaten sowie die Erhebung von Abgaben gleicher Wirkung verboten. 262

Zoll

a) Der Begriff des „Zolls" ist formal zu verstehen. **Zoll** ist jede einseitige finanzielle Belastung der Ware anlässlich ihres Grenzübertritts, die als Zoll bezeichnet worden ist.[208] 263

Abgabe gleicher Wirkung

b) Wird eine einseitige finanzielle Belastung der Ware anlässlich ihres Grenzübertritts nicht als „Zoll" bezeichnet, so handelt es sich um eine Abgabe zollgleicher Wirkung. 264

(1) **Keine zollgleichen Abgaben** sind jedoch solche finanziellen Belastungen, die ein angemessenes Entgelt **für tatsächlich geleistete Dienste** durch die Verwaltung zugunsten des Importeurs darstellen, wenn diese Dienste

- freiwillig in Anspruch genommen wurden oder
- durch das Unionsrecht zugelassen bzw. veranlasst sind.

(2) **Keine zollgleichen Abgaben**, sondern **Steuern** i.S.d. Art. 110 ff. AEUV sind finanzielle Belastungen,

Steuern ⇨ (-)

- die zwar an den Grenzübergang der Ware anknüpfen,
- aber „Bestandteil einer allgemeinen inländischen Abgabenregelung sind, die einheimische und eingeführte Erzeugnisse systematisch nach denselben Merkmalen erfasst,
- es sei denn, sie sind ausschließlich dazu bestimmt, Tätigkeiten zu fördern, die allein dem belasteten einheimischen Erzeugnis zugutekommen".[209]

absolutes Verbot

c) Das Verbot von Binnenzöllen gilt absolut. **Jeder Eingriff in die Warenverkehrsfreiheit in dieser Hinsicht ist rechtswidrig.** Insbesondere ist Art. 36 AEUV nicht anwendbar.[210] 265

---

208 EuGH, Urt. v. 05.02.1963, Rs.26/62, van Gend & Loos, Tz. 10, Slg. 1963, 1 (24 f.); EuGH, Urt. v. 17.12.1970, Rs. 33/0, Slg. 1970, 1213.

209 EuGH, Urt. 19.06.1973, Rs. 77/72, Eierkartons, 4. LS, Slg. 1973, 611 - 634.

210 EuGH, Urt. v. 10.12.1968, Rs. 7/68, Kunstschätze I, Tz. 13, Slg. 1968, 633.

2. Verbot mengenmäßiger Beschränkungen und Maßnahmen gleicher Wirkung

Gemäß Art. 34 und 35 AEUV sind alle mengenmäßigen **Ein- und Ausfuhrbeschränkungen** des Warenhandels sowie Maßnahmen gleicher Wirkung verboten. 266

a) mengenmäßige Beschränkungen

mengenmäßige Beschränkung

Mengenmäßige Beschränkungen sind alle ausdrücklichen Kontingentierungen oder Untersagungen von Warenlieferungen. Die schärfste Form eines Kontingents stellt das Verbot dar, sog. „Null-Kontingent". 267

b) Maßnahmen gleicher Wirkung wie mengenmäßige Einfuhrbeschränkungen

Dassonville-Formel

Maßnahmen gleicher Wirkung wie mengenmäßige Einfuhrbeschränkungen sind alle (sonstigen) Maßnahmen, die geeignet sind, den unionsinternen Handel unmittelbar oder mittelbar, tatsächlich oder potenziell zu behindern (sog. Dassonville-Formel).[211] 268

Nach der sog. Keck-Rechtsprechung fallen darunter nicht solche Maßnahmen,

- die lediglich bestimmte Verkaufsmodalitäten beschränken oder verbieten,
- sofern sie für alle betroffenen Wirtschaftsteilnehmer gelten, die ihre Tätigkeit im Inland ausüben,
- und sofern sie den Absatz der inländischen Erzeugnisse und der Erzeugnisse aus anderen Mitgliedstaaten rechtlich wie tatsächlich in der gleichen Weise berühren.

Solche Maßnahmen sind nämlich nicht geeignet, den **Marktzugang** für ausländische Erzeugnisse zu versperren oder stärker zu behindern, als sie dies für inländische Erzeugnisse tun.[212]

Die Keck-Rechtsprechung ist verschiedentlich auf erhebliche Kritik gestoßen. Dies hat der EuGH aufgenommen und die Keck-Formel reformiert.[213]

---

211 Vgl. EuGH, Urt. v. 11.07.1974, Rs. 8/74, Slg. 1974, 837 (852); **Hemmer/Wüst, Europarecht, Rn. 420**.

212 EuGH, Urt. v. 24.11.1993, verb. Rs. C-267 u. 268/91, Tz. 13 - 17, Slg. 1993, I-6097 - 6132 = **juris**byhemmer; EuGH, Urt. v. 23.02.2006, NJW 2006, 2540 - 2541 = **Life&Law 11/2006, 785 - 789**, zur früheren Rechtsprechung vgl. EuGH, Urt. v. 18.05.93, Rs. C-126/91, Yves Rocher, Tz. 9-11, NJW 1993, 3187 - 3188.

213 EuGH, C-110/05, EuZW 2009, 173 – Kommission/Italien; EuGH, C-142/05, EuZW 2009, 617 – Mickelsson/Roos, Tz. 24. Bestätigt in EuGH, Urt. v. 26.04.2012, Rs. C-456/10 = EuZW 2012, 508 – ANETT.

- Als „Maßnahmen mit gleicher Wirkung wie mengenmäßige Einfuhrbeschränkungen" im Sinne des Art. 34 AEUV sind diejenigen Maßnahmen eines Mitgliedstaats anzusehen, mit denen bezweckt oder bewirkt wird, Erzeugnisse aus anderen Mitgliedstaaten weniger günstig zu behandeln, die also nicht unterschiedslos gelten und wirken.

- Des Weiteren könnten sich Hemmnisse für den freien Warenverkehr daraus ergeben, dass Waren aus anderen Mitgliedstaaten, die dort rechtmäßig hergestellt und in den Verkehr gebracht worden seien, bestimmten Vorschriften entsprechen müssten und dies auch dann, wenn jene Vorschriften unterschiedslose Geltung besäßen.

- Ebenfalls unter diesen Begriff fällt jede sonstige Maßnahme, die den Zugang zum Markt eines Mitgliedstaats für Erzeugnisse aus anderen Mitgliedstaaten behindert.

hemmer-Methode: Diese neue Formel des EuGH stellt keinesfalls eine Aufgabe der althergebrachten Keck-Formel dar, sondern soll diese nur konkretisieren und bisherige Schwächen ausräumen.

Bsp.: Maßnahmen gleicher Wirkung sind:

- Verbot, die Brötchen mit der Werbung des Bäckers zu versehen (= auch produktbezogene Regelung),

- Verbot für Ausländer, sonntags Brötchen zu verkaufen (= unterschiedliche Geltung),

- Verbot, sonntags ausländische Brötchen zu verkaufen (= unterschiedliche rechtliche Auswirkung),

- Verbot, sonntags Brötchen zu verkaufen, wenn ausländische Brötchen gerade nur sonntags eine Chance auf dem Markt haben (= unterschiedliche faktische Auswirkung).

Zur Verdeutlichung sollen folgende zwei Beispielsfälle dienen:

Bsp. 1: Zwei französische Einzelhändler wurden in einem Strafverfahren angeklagt, da sie entgegen einer Bestimmung des französischen Rechts Waren unter ihrem Einkaufspreis verkauft hatten. Die Angeklagten machten geltend, dass das Verbot des Weiterverkaufs zum Verlustpreis gegen Art. 30 EWGV verstoße.

Das Gericht legte dem EuGH gemäß Art. 177 EWGV (jetzt Art. 267 AEUV) die Frage vor, ob dieses Verbot mit der Warenverkehrsfreiheit vereinbar sei. Der EuGH bejahte dies.[214]

Mitgliedstaatliche Rechtsvorschriften, die den Weiterverkauf zum Verlustpreis verbieten, können das Absatzvolumen und damit das Volumen des Absatzes von Waren aus anderen Mitgliedstaaten insoweit beschränken, als sie den Wirtschaftsteilnehmern eine Methode der Absatzförderung nehmen. Fraglich ist jedoch, ob dies ausreicht, um eine solche Rechtsvorschrift als Maßnahme gleicher Wirkung i.S.d. Art. 30 EWGV zu qualifizieren.

Der Umstand, dass sich die Wirtschaftsteilnehmer immer häufiger auf Art. 30 EWGV berufen, um eine nationale Regelung als Beschränkung ihrer geschäftlichen Freiheit zu beanstanden, zwingt den Gerichtshof, seine Rechtsprechung auf diesem Gebiet zu überprüfen.

Entgegen der bisherigen Rechtsprechung ist die Anwendung nationaler Vorschriften, die bestimmte Verkaufsmodalitäten beschränken oder verbieten, auf Erzeugnisse aus anderen Mitgliedstaaten nicht geeignet, den Handel zwischen den Mitgliedstaaten unmittelbar oder mittelbar, tatsächlich oder potenziell zu behindern, sofern diese Vorschriften für alle Wirtschaftsteilnehmer gelten und sofern sie den Absatz der inländischen Erzeugnisse und der Erzeugnisse aus anderen Mitgliedstaaten rechtlich wie tatsächlich in gleicher Weise berühren.

Solche Regelungen versperren oder behindern den Marktzugang für ausländische Produkte nicht stärker als für inländische Produkte.

Bsp. 2: *Ein deutsches Unternehmen wollte den Likör „Cassis de Dijon“ aus Frankreich einführen. Die Bundesmonopolverwaltung verweigerte die Einfuhrgenehmigung unter Hinweis auf § 100 BranntweinmonopolG, nach dem nur Branntweine mit einem gewissen Mindestweingeistgehalt in Verkehr gebracht werden dürfen. Der Likör „Cassis de Dijon“ wies diesen Mindestgehalt nicht auf.*

Das Unternehmen hielt diese Regelung für unvereinbar mit Art. 30 EWGV (jetzt Art. 34 AEUV) und erhob gegen den ablehnenden Bescheid Klage. Das angegangene Gericht legte dem EuGH gemäß Art. 177 EWGV (jetzt Art. 267 AEUV) die Frage vor, ob der Begriff der Maßnahme gleicher Wirkung i.S.d. Art. 30 EWGV eine Bestimmung wie die des § 100 BranntweinmonopolG umfasst. Der EuGH bejahte dies.[215]

---

214 EuGH, Urt. v. 24.11.1983, Rs. C-267/91, Rs. C-268/91, Keck, Slg. 1993, I-6097 - 6132 = **juris**byhemmer.

215 EuGH, Urt. v. 20.02.1979, Rs. 120/78, Cassis de Dijon, Slg. 1979, 649 - 675.

Mangels einer Unionsregelung ist es Sache der Mitgliedstaaten, alle die Herstellung und Vermarktung von Weingeist und alkoholischen Getränken betreffenden Vorschriften zu erlassen. Hemmnisse für den Binnenhandel der Union, die sich aus den Unterschieden dieser nationalen Regelungen ergeben, müssen hingenommen werden, soweit diese Bestimmungen notwendig sind, um zwingenden Erfordernissen gerecht zu werden, insbesondere den Erfordernissen einer wirksamen steuerlichen Kontrolle, des Schutzes der öffentlichen Gesundheit, der Lauterkeit des Handelsverkehrs und des Verbraucherschutzes.

Die deutsche Regierung bringt vor, dass die Festsetzung eines Mindestweingeistgehalts die Überschwemmung des nationalen Marktes mit alkoholischen Getränken von mäßigem Weingeistgehalt verhindern solle, da solche Getränke leichter zur Gewöhnung führen könnten als Getränke mit höherem Weingeistgehalt. Insofern diene diese Regelung dem Schutz der öffentlichen Gesundheit.

Dies ist jedoch nicht stichhaltig, da es auf dem Markt zahlreiche alkoholische Erzeugnisse mit geringem Alkoholgehalt gibt und zudem Getränke mit höherem Weingeistgehalt üblicherweise verdünnt getrunken werden.

Die deutsche Regierung trägt weiter vor, die Festsetzung eines Mindestweingeistgehalts würde den Verbraucher vor unlauterem Wettbewerb der Hersteller oder Händler alkoholischer Getränke schützen. Dieser Einwand kann auch nicht überzeugen, da sich eine angemessene Unterrichtung der Käufer durch entsprechende Kennzeichnung erreichen lässt.

Auf die Frage ist daher zu antworten, dass die Festsetzung eines Mindestweingeists unter das Verbot der Maßnahme gleicher Wirkung i.S.d. Art. 30 EWGV fällt.

c) Maßnahmen gleicher Wirkung wie mengenmäßige Ausfuhrbeschränkungen

Groenveld-Formel

269 Nach der bisherigen (recht mageren) Rechtsprechung zu Art. 35 AEUV gehören zu den Maßnahmen gleicher Wirkung wie mengenmäßige Ausfuhrbeschränkungen (zumindest) alle nationalen „Maßnahmen, die **spezifische Beschränkungen der Ausfuhrströme bezwecken oder bewirken** und damit unterschiedliche Bedingungen für den Binnenhandel innerhalb eines Mitgliedstaats und dessen Außenhandel schaffen, **sodass die nationale Produktion oder der Binnenmarkt des betroffen Staates einen besonderen Vorteil erlangt**."[216]

[216] St. Rspr. seit EuGH, Urt. v. 08.11.1979, Rs. 15/79, Groenveld, Tz. 7, Slg. 1979, 3409 - 3421.

Achtung! Das Feld denkbarer Eingriffe wird mit dieser Formel noch bei weitem nicht abgedeckt.[217]

III. Rechtfertigung von Eingriffen

hemmer-Methode: Art. 34 ff. AEUV kennen keine Bereichsausnahmen, sodass dieser Prüfungspunkt hier entfällt.

1. Anerkannte Rechtfertigungsgründe

Schutzklauseln

a) Die Verbote aus Art. 34, 35 AEUV stehen gemäß **Art. 36 S. 1 AEUV** einzelstaatlichen Maßnahmen nicht entgegen, die zugunsten bestimmter nationaler Grundinteressen ergriffen werden. 270

enge Auslegung geboten

Die Norm ist als Ausnahme von einer grundlegenden Vorschrift des Vertrages eng auszulegen; sie kann nicht auf Zielsetzungen ausgedehnt werden, die dort nicht ausdrücklich genannt sind.[218]

Zulässig sind dadurch also nur Eingriffe

- aus Gründen der öffentlichen Sittlichkeit, Ordnung und Sicherheit,
- zum Schutz der Gesundheit und des Lebens von Menschen, Tieren oder Pflanzen,
- zum Schutz des nationalen Kulturguts von künstlerischem, geschichtlichem oder archäologischem Wert und
- zum Schutz des gewerblichen und kommerziellen Eigentums.

öffentliche Ordnung

Gründe der **öffentlichen Ordnung** setzen voraus, „dass außer der Störung der öffentlichen Ordnung, die jede Gesetzesverletzung darstellt, eine tatsächliche Gefährdung vorliegt, die ein Grundinteresse der Gesellschaft berührt".[219]

öffentliche Sicherheit

Die **öffentliche Sicherheit** beinhaltet die innere und äußere Existenzsicherung des Staates.

primärrechtsimmanente Schranken

b) Darüber hinaus können Eingriffe in die Warenverkehrsfreiheit auch **aus zwingenden Erfordernissen des Allgemeinwohls** zulässig sein. 271

---

[217] Vgl. zu anderen Formen der Marktzugangsbehinderungen oben § 10 Pkt. A.II.1.!

[218] EuGH, Urt. v. 10.01.1985, Rs. 229/83, Leclerc, Tz. 30, Slg. 1985, 1.

[219] EuGH, Urt. v. 27.10.1977, Rs. 30/77, Bouchereau, 4. LS, Slg. 1977, 1999 - 2028.

Cassis-Formel

In der Rechtssache „Cassis de Dijon“ formulierte der EuGH erstmalig diese Rechtfertigungsmöglichkeit: „Hemmnisse für den Binnenhandel der Gemeinschaft (jetzt Union), die sich aus den Unterschieden der nationalen Regelungen über die Vermarktung dieser Erzeugnisse ergeben, müssen hingenommen werden, soweit diese Bestimmungen notwendig sind, um zwingenden Erfordernissen gerecht zu werden.“[220]

zwingende Erfordernisse

Zunächst benannte der EuGH als zwingende Erfordernisse die wirksame steuerliche Kontrolle, den Schutz der öffentlichen Gesundheit, den Verbraucherschutz und die Lauterkeit des Handelsverkehrs. Später kamen ohne nähere Begründung der Umweltschutz, die Aufrechterhaltung der Medienvielfalt u.a. hinzu. Diese scheinen also **keineswegs abschließend** gemeint zu sein.

hemmer-Methode: Der EuGH sprach ursprünglich davon, dass, wenn eine staatliche Maßnahme aus solchen zwingenden Erfordernissen heraus notwendig ist, schon keine Maßnahme gleicher Wirkung gegeben ist.
Daher wäre die Cassis-Formel vor Art. 36 AEUV zu prüfen. Die Cassis-Formel war also urspr. genau genommen kein Rechtfertigungsgrund, sondern eine tatbestandsimmanente Einschränkung des Art. 34 AEUV. Anders die h.L., nach der die Cassis-Formel schon immer innerhalb der Rechtfertigung als extensive Auslegung des Art. 36 AEUV geprüft wird. Der EuGH hat sich dem mittlerweile angeschlossen.

Der EuGH hat die Cassis-Formel bisher nur auf Art. 34 AEUV angewendet. In der Literatur wird sie jedoch ohne nähere Problematisierung auch auf Art. 35 AEUV angewendet.

Cassis nicht bei offenen Diskriminierungen

Des Weiteren ist die Cassis-Formel auf unterschiedslos geltende, nicht offen diskriminierende Maßnahmen beschränkt. Offene, unmittelbare Diskriminierungen können allein nach Art. 36 AEUV gerechtfertigt sein. Auf Maßnahmen, die zwar dem Wortlaut nach unterschiedslos gelten, tatsächlich aber unterschiedlich wirken, sog. versteckte Diskriminierungen, ist hingegen die Cassis-Rechtsprechung anwendbar.[221]

2. Verhältnismäßigkeitsprinzip

Verhältnismäßigkeitsprinzip

Entsprechende Maßnahmen müssen dem Verhältnismäßigkeitsprinzip genügen. 272
Insbesondere müssen sie zur Erreichung des mit ihnen verfolgten Zieles **geeignet** sein und dürfen nicht über das zur Zielerreichung **erforderliche Maß** hinausgehen.[222]

---

220 EuGH, Urt. v. 20.02.1979, Rs. 120/78, Cassis de Dijon, Tz. 8, Slg. 1979, 649 - 675 (662), **Hemmer/Wüst, Europarecht, Rn. 428.**

221 EuGH, Urt. v. 23.02.2006, Rs. C-441/04, NJW 2006, 2540 - 2541 = **Life&Law 11/2006, 785 - 789**.

222 Vgl. EuGH, Urt. v. 30.11.1995, Rs. C-55/94, NJW 1996, 579 - 581; EuGH, EuZW 2007, 401 - 404 = **Life&Law 03/2008, 192 - 196**.

Dabei ist, wenn mehrere geeignete Mittel zur Verfügung stehen, das Mittel zu wählen, das die Warenverkehrsfreiheit **am wenigsten beeinträchtigt**. Zudem müssen die Beeinträchtigungen der Warenverkehrsfreiheit in einem **angemessenen** Verhältnis zum angestrebten Ziel stehen.

3. Willkür- und Missbrauchsverbot

allgemeiner Gleichheitssatz

Jede Rechtfertigung ist zudem im Lichte des **allgemeinen Gleichheitssatzes** auszulegen. Die Maßnahmen müssen in nichtdiskriminierender Weise angewandt werden.[223] Auch Art. 36 S. 2 AEUV verbietet insoweit willkürliche Diskriminierungen. 273

insbes. hins. der Herkunft der Waren

Im Rahmen der Warenverkehrsfreiheit sind insbesondere alle direkten oder indirekten Diskriminierungen (ungerechtfertigten Benachteiligungen) hinsichtlich der **Warenherkunft** streng verboten.

vertragliches Missbrauchsverbot

Gemäß **Art. 36 S. 2 AEUV** darf es sich bei den staatlichen Maßnahmen nicht um **verschleierte Beschränkungen** handeln. Die Norm ist lediglich spezieller Ausdruck des allgemeinen Missbrauchsverbotes und verweist insofern auf die Notwendigkeit auch subjektiver Rechtfertigung von Eingriffsmaßnahmen. 274

C) Kapitalverkehrsfreiheit, Art. 63 ff. AEUV

I. Schutzbereich der Kapitalverkehrsfreiheit

1. Freiheitsspezifisches Merkmal

Mobilität des Kapitals

Die Kapitalverkehrsfreiheit schützt die unionsinterne grenzüberschreitende Mobilität des Kapitals. Sie erfasst alle wirtschaftlichen Betätigungen, bei denen die grenzüberschreitende Leistung in einer Übertragung von Kapital besteht. 275

hemmer-Methode: Die Examensrelevanz der Kapitalverkehrsfreiheit ist eher gering.

Kapitalverkehr

Kapitalverkehr sind alle **einseitigen Wertübertragungen** von Sach- oder Geldkapital.

Kapital

Was nun aber „Kapital“ i.d.S. ist, bleibt damit freilich noch ungeklärt. EuGH und Literatur verweisen insoweit stets lediglich auf die typischen Erscheinungsformen (Rechte an Immobilien und Unternehmen bzw. Wertpapiere, Kredite etc.), ohne eine abstrakte Definition zu liefern.

223 Vgl. EuGH, Urt. v. 30.11.1995, Rs. C-55/94, NJW 1996, 579 - 581.

2. Unionsspezifisches Merkmal

Unionskapital

Da auch der Kapitalverkehr über die Außengrenzen grundsätz- 276
lich vollständig liberalisiert worden ist, wurden hinsichtlich des Unionsbezuges des begünstigten Kapitals keinerlei Anforderungen formuliert. Man wird aber annehmen müssen, dass nur **legal in der Union befindliches Kapital** in den Genuss der Kapitalverkehrsfreiheit kommen soll.

irrelevant

Staatsangehörigkeit und Ansässigkeit des Leistungserbringers bzw. -empfängers sind irrelevant.

3. Verkehrsspezifisches Merkmal

binnengrenzüberschreitendes Element

Die Kapitalverkehrsfreiheit erfasst nur binnengrenzüberschrei- 277
tende Vorgänge (Kapitaltransaktionen) **zwischen** den Mitgliedstaaten.

II. Eingriffe in die Kapitalverkehrsfreiheit

Gemäß Art. 63 AEUV sind alle devisenrechtlichen und sonsti- 278
gen legislativen oder administrativen Beschränkungen verboten.

devisenrechtliche Beschränkungen

Devisenrechtliche Beschränkungen sind alle direkten Regulierungen, Verbote oder Behinderungen von Kapitaltransfers aus dem oder ins Ausland.

Dassonville-Formel

Sonstige legislative oder administrative Beschränkungen sind alle sonstigen Maßnahmen, die geeignet sind, unionsinterne grenzüberschreitende Kapitaltransfers unmittelbar oder mittelbar, tatsächlich oder potenziell zu behindern.

Präzisierungen dessen, was „Behinderungen von Kapitaltransfers" darstellen, werden noch nicht diskutiert. Auch im Schutzbereich der Kapitalverkehrsfreiheit sind jedoch Regelungen denkbar, die nicht geeignet sind,

- den Zugang für ausländisches Kapital zum inländischen Kapitalmarkt stärker zu behindern oder zu versperren, als sie es für inländisches Kapital bewirken bzw.
- den Marktzugang für inländisches Kapital gegenüber ausländischem Kapital zu bevorteilen bzw.
- den Zugang zum ausländischen Kapitalmarkt unmittelbar zu beeinflussen.

Bsp.: „Sonntags bleibt die Börse in Deutschland geschlossen." Diese Regelung hat keine (stärkeren) Auswirkungen auf den Marktzugang ausländischen Kapitals. Sie stellt deshalb schon keinen Eingriff dar, ist also nicht rechtfertigungsbedürftig.

III. Rechtfertigung von Eingriffen

1. Anerkannte Rechtfertigungsgründe

Schutzklauseln

a) Die Gewährleistungen der Kapitalverkehrsfreiheit berühren gemäß **Art. 65 I AEUV** nicht das Recht der Mitgliedstaaten, zugunsten bestimmter nationaler Grundinteressen in die Kapitalverkehrsfreiheit einzugreifen. So dürfen sie z.B. Maßnahmen ergreifen, die aus Gründen der öffentlichen Ordnung und Sicherheit gerechtfertigt sind. 279

Die Gründe sind abschließend aufgezählt und als Ausnahmebestimmungen restriktiv auszulegen.

primärrechtsimmanente Schranken

b) Darüber hinaus können Eingriffe in die Kapitalverkehrsfreiheit auch **aus zwingenden Erfordernissen des Allgemeinwohls** zulässig sein.[224]

2. Verhältnismäßigkeitsprinzip und weitere Anforderungen an die Rechtfertigung

Verhältnismäßigkeitsprinzip

Entsprechende Maßnahmen müssen dem Verhältnismäßigkeitsprinzip genügen. Insbesondere müssen sie zur Erreichung des mit ihnen verfolgten Zieles **geeignet** sein und dürfen nicht über das zur Zielerreichung **erforderliche Maß** hinausgehen.[225] 280

Dabei ist, wenn mehrere geeignete Mittel zur Verfügung stehen, das Mittel zu wählen, das die Kapitalverkehrsfreiheit **am wenigsten beeinträchtigt**. Zudem müssen die Beeinträchtigungen der Kapitalverkehrsfreiheit in einem **angemessenen** Verhältnis zum angestrebten Ziel stehen.

allgemeiner Gleichheitssatz

Jede Rechtfertigung ist zudem im Lichte des allgemeinen Gleichheitssatzes auszulegen. Die Maßnahmen müssen in nichtdiskriminierender Weise angewandt werden.[226] Für die Kapitalverkehrsfreiheit ist dies in Art. 65 III AEUV ausdrücklich normiert. 281

---

224 Vgl. EuGH, Urt. v. 10.5.1995, Rs. C-384/93, Alp. Investments, Tz. 44, Slg. 1995, I-1141 - 1184 (I-1179).

225 Vgl. EuGH, Urt. v. 30.11.1995, Rs. C-55/94, NJW 1996, 579 - 581.

226 Vgl. EuGH, Urt. v. 30.11.1995, Rs. C-55/94, NJW 1996, 579 - 581.

insbes. hins. des Anlageortes

Im Rahmen der Kapitalverkehrsfreiheit sind insbesondere alle direkten oder indirekten Diskriminierungen (ungerechtfertigten Benachteiligungen) hinsichtlich des **Anlageortes** streng verboten.

vertragliches Missbrauchsverbot

Das stets zu beachtende Missbrauchsverbot kommt für die Kapitalverkehrsfreiheit in Art. 65 III AEUV als Verbot verschleierter Beschränkungen zum Ausdruck. Die Norm verweist insofern lediglich auf die allgemeine Notwendigkeit auch subjektiver Rechtfertigung von Eingriffsmaßnahmen. 282

D) Arbeitnehmerfreizügigkeit, Art. 45 ff. AEUV

I. Schutzbereich der Arbeitnehmerfreizügigkeit

1. Freiheitsspezifisches Merkmal

Mobilität der Arbeitskräfte

Die Arbeitnehmerfreizügigkeit dient dem Schutz der binnengrenzüberschreitenden Mobilität der Arbeitskräfte. Die Arbeitnehmer sollen innerhalb der Union die Binnengrenzen überschreiten können, um dort ihre Leistungen anbieten und erbringen zu können. Die Arbeitgeber sollen diese Leistungen unabhängig vom Herkunftsland des Arbeitnehmers in Anspruch nehmen können. 283

Arbeitnehmer

Der Begriff des Arbeitnehmers ist unionseinheitlich autonom[227] und weit auszulegen. Arbeitnehmer ist, wer **„während einer bestimmten Zeit für einen anderen nach dessen Weisung Leistung erbringt, für die er als Gegenleistung eine Vergütung erhält“**.[228]

Entscheidendes Merkmal eines Arbeitnehmers ist also die Erbringung sog. unselbstständiger Erwerbstätigkeit. Ob das Verhältnis zwischen Arbeitgeber und Arbeitnehmer privat- oder öffentlich-rechtlich ausgestaltet ist,[229] ob die Tätigkeit rein wirtschaftlicher Natur ist[230] oder ob das Entgelt einer bestimmten Höhe (z.B. Existenzminimum) entspricht,[231] ist unerheblich.

---

227 EuGH, Urt. v. 19.03.1964, Rs. 75/63, Unger, Slg. 1964, 379 (396).

228 EuGH, Urt. v. 03.07.1986, Rs. 66/85, Lawrie-Blum, Tz. 16 f., Slg. 1986, 2121 (2144).

229 EuGH, Urt. v. 12.02.1974, Rs. 152/73, Sotgiu, Slg. 1974, 153 - 175.

230 Z.B. die Tätigkeit des Referendars: vgl. EuGH, Urt. v. 03.07.1986, Rs. 66/85, Lawrie-Blum, Tz. 20, Slg. 1986, 2121 (2145).

231 EuGH, Urt. v. 23.03.1982, Rs. 53/81, Levin, Tz. 16, Slg. 1982, 1035.

2. Unionsspezifisches Merkmal

Unionsbürger

Begünstigt werden nur diejenigen Arbeitnehmer, die die **Staatsangehörigkeit eines Mitgliedstaates** besitzen, also Unionsbürger gemäß Art. 20 I AEUV sind. 284

nat. Recht entscheidend

Die Staatsangehörigkeit richtet sich mangels unionsrechtlicher Regelungen **nach nationalem Recht**, subsidiär nach völkerrechtlichen Grundsätzen.

3. Verkehrsspezifisches Merkmal

binnengrenzüberschreitendes Element

Die Arbeitnehmerfreizügigkeit erfasst nur binnengrenzüberschreitende Vorgänge, also nur solche Sachverhalte, bei denen der Arbeitnehmer zum Anbieten seiner Arbeitskraft direkt oder indirekt (über Drittstaaten) eine Binnengrenze überschreitet. 285

Dauer irrelevant

a) **Irrelevant** ist dabei, ob er im anderen Staat seinen Wohnsitz wählt (sog. Wanderarbeitnehmer) oder ob er ständig erneut zur Leistungserbringung die Grenze überschreitet (sog. Grenzgänger).

Richtung irrelevant

b) Ebenso **unbeachtlich** ist die Richtung der Grenzüberschreitung. So ist es egal, ob der Arbeitnehmer aus seinem Heimatstaat ins Ausland zieht, oder ob er aus dem Ausland in seinen Heimatstaat zurückzieht. Erst recht „zählt" auch die Grenzüberschreitung im Ausland.

hemmer-Methode: Der Arbeitnehmer kann sich also auch seinem eigenen Heimatstaat gegenüber auf die Arbeitnehmerfreizügigkeit berufen, wenn er nur irgendwann einmal eine Binnengrenze überschritten hat. Das gleiche gilt i.Ü. für die Niederlassungsfreiheit.

II. Eingriffe in die Arbeitnehmerfreizügigkeit

Einen rechtfertigungsbedürftigen Eingriff in die Arbeitnehmerfreizügigkeit stellt jede **Maßnahme eines Grundfreiheitsverpflichteten** dar, die die Ausübung dieser Grundfreiheit **behindert oder weniger attraktiv macht.**[232] 286

hemmer-Methode: Eine Besonderheit des Art. 45 AEUV ist, dass der EuGH hier auch direkte Eingriffe durch Dritte, also die sog. horizontale Wirkung der Grundfreiheit anerkennt.[233]

---

[232] EuGH, Urt. v. 15.12.1995, Rs. C-415/93, Bosman, Tz. 102-104, EuZW 1996, 82 - 91 (88), m.V.a. EuGH, Urt. v. 30.11.1995, Rs. C-55/94, Gebhard, Tz. 37, Slg. 1995, I-4165 - 4201 (Fn. 191).

[233] EuGH, Urt. v. 15.12.1995, Rs. C-415/93, Bosman, Tz. 102-104, EuZW 1996, 82 - 91 (88).

1. Begleitrechte des Arbeitnehmers

Gemäß Art. 45 III AEUV gewährleistet die Arbeitnehmerfreizügigkeit die sog. Begleitrechte des Arbeitnehmers. Von Bedeutung sind vor allem 287

- das Aufenthaltsrecht,
- das Wegzugs-, und Einreiserecht sowie
- das Verbleiberecht.

Aufenthaltsrecht

a) Dem Arbeitnehmer wird gemäß Art. 45 III lit. c AEUV das Recht eingeräumt, sich zur Ausübung einer Beschäftigung in den Unionsmitgliedstaaten **aufzuhalten**.

Wegzugs- u. Einreiserecht

b) Daneben muss die Arbeitnehmerfreizügigkeit notwendigerweise auch das Recht umfassen, aus jedem beliebigen Mitgliedstaat **wegzuziehen** und in jeden beliebigen Mitgliedstaat **einzureisen**. Das erschien so offensichtlich, dass beide Rechte im Vertrag nicht ausdrücklich erwähnt wurden. Erst in der Richtlinie 68/360/EWG fanden sie ihren Niederschlag.

Verbleiberecht

c) Art. 45 III lit. d AEUV sieht darüber hinaus das Recht für Arbeitnehmer vor, nach Beendigung der aktiven Erwerbstätigkeit im Hoheitsgebiet des entsprechenden Mitgliedstaates **zu verbleiben**. Dieses Recht wird durch die VO (EWG) Nr. 1251/70 durchgeführt.

d) Des Weiteren wird auch die freie Stellensuche von der Arbeitnehmerfreizügigkeit umfasst, Art. 45 III lit. a und b AEUV.

2. Allgemeines Beschränkungsverbot

urspr.: bloßes Diskriminierungsverbot

Lange Zeit wurde die Arbeitnehmerfreizügigkeit in der Literatur unter Berufung auf die bisherige Rechtsprechung des EuGH als **bloßes Diskriminierungsverbot** interpretiert. Gemäß Art. 45 II AEUV umfasse sie **nur** die Abschaffung jeder auf der Staatsangehörigkeit beruhenden (ungerechtfertigten) unterschiedlichen Behandlung der Arbeitnehmer in Bezug auf die Arbeitsbedingungen. 288

Umfang des Diskriminierungsverbots

Die **Arbeitsbedingungen** umfassen alle Vergünstigungen, die mit dem Arbeitsverhältnis in Beziehung stehen,[234] einschließlich der Regelungen für den Zugang zu einer bestimmten Beschäftigung (str.).[235]

---

234 EuGH, Urt. v. 12.02.1974, Rs. 152/73, Sotgiu, Slg. 1974, 153 - 175 (164).

235 Nach anderer Auffassung wird das Zugangsrecht erst durch Art. 1 bis 6 VO 1612/68 gewährleistet.

Durch die Art. 1 bis 9 VO (EWG) Nr. 1612/68[236] wurde das Gleichbehandlungsgebot konkretisiert und auf **alle sonstigen sozialen und steuerlichen Vergünstigungen** erweitert. Teilweise wird in der Literatur auch von einem umfassenden Gleichbehandlungsgebot hinsichtlich **aller Lebensbereiche** gesprochen.

Bosman-Urteil ⇨ allg. Beschränkungsverbot

Dass die Arbeitnehmerfreizügigkeit sich nicht darin erschöpft, sondern noch weitere Gewährleistungen umfasst, zeigt bereits Art. 46 AEUV, der von weiteren Maßnahmen zur **fortschreitenden Herstellung** der Arbeitnehmerfreizügigkeit spricht.[237] Im Bosman-Urteil hat der EuGH dann auch erstmals einen **Eingriff** in die Arbeitnehmerfreizügigkeit **trotz fehlender diskriminierender Wirkung** angenommen.[238]

Grundsatz: Dassonville-Formel

Beeinträchtigungen der Arbeitnehmerfreizügigkeit stellen demnach **grundsätzlich** alle Maßnahmen dar, die die **grenzüberschreitende Mobilität der Arbeitskräfte** unmittelbar oder mittelbar, tatsächlich oder potenziell **beeinträchtigen**.[239] 289

hemmer-Methode: Angesichts dessen ist es im Rahmen der Eingriffsprüfung belanglos, ob es sich bei der Maßnahme möglicherweise um eine offene oder versteckte Diskriminierung handelt.[240] Dieses Problem wird erst auf der Rechtfertigungsebene wieder relevant, wenn geprüft wird, ob möglicherweise zugleich ein Verstoß gegen den allgemeinen Gleichheitssatz vorliegt.

Ausnahmen

Davon **auszunehmen** sind jedoch wohl alle Maßnahmen, die sich **lediglich** als für alle Wirtschaftsteilnehmer **unterschiedslos geltende** Regelungen der **Ausübung einer Tätigkeit** (im Gegensatz zum Berufs**zugang**) darstellen.[241] Diese Frage wurde jedoch vom Gerichtshof noch nicht eindeutig entschieden.

3. Angehörigenrechte[242]

Die Besonderheit des Wirtschaftsfaktors Mensch als soziales Wesen erfordert weitere Gewährleistungen, um auch faktisch die grenzüberschreitende Mobilität der Arbeitskräfte zu ermöglichen. 290

---

236 Ergangen auf Grundlage von Art. 40 EGV, abgedruckt in: Satorius II, Nr. 180.

237 Zur weiteren Herleitung unbedingt lesenswert: GA Lenz, Schlussanträge, Rs. C-415/93, Bosman, Tz. 165-213, EuGRZ 1995, 459 (485-495).

238 EuGH, Urt. v. 15.12.1995, Rs. C-415/93, Bosman, Tz. 102-104, EuZW 1996, 82 - 91 (88).

239 Nettesheim, Die europarechtlichen Grundrechte auf wirtschaftliche Mobilität (Art 48, 52 EGV), NVwZ 1996, 342 - 345 (344).

240 GA Lenz, Schlussanträge, Rs. C-415/93, Bosman, Tz. 190, EuGRZ 1995, 459 (490).

241 GA Lenz, Schlussanträge, Rs. C-415/93, Bosman, Tz. 205, EuGRZ 1995, 459 (493).

242 **Hemmer/Wüst, Europarecht, Rn. 479.**

Deshalb werden durch die VO (EWG) Nr. 1612/68 den **Angehörigen der Wanderarbeitnehmer**

- das Recht, eine Wohnung zu nehmen (Art. 10 der VO),
- das Recht auf freien Zugang zur Beschäftigung (Art. 11 der VO) und
- das Recht auf freien Zugang zur Bildung (Art. 12 der VO)

als eigene Ansprüche verliehen.

Diese Rechte gelten (ausdrücklich) unabhängig von der Staatsangehörigkeit der Familienangehörigen.

III. Bereichsausnahmen

Art. 39 IV EG

Art. 45 IV AEUV formuliert eine Ausnahme vom Grundsatz der Arbeitnehmerfreizügigkeit für den Bereich der **Beschäftigung in der öffentlichen Verwaltung**. 291

Auslegung

Dieser Begriff ist unionseinheitlich autonom[243] und als Regelabweichung eng auszulegen. Der Gerichtshof stellt dabei nicht (institutionell) auf die Rechtsnatur des Beschäftigungsverhältnisses, sondern (funktional) auf die Natur der Tätigkeit ab.

öffentliche Verwaltung

Die „öffentliche Verwaltung" umfasst alle Stellen, „die eine unmittelbare oder mittelbare Teilnahme an der Ausübung hoheitlicher Befugnisse und an der Wahrnehmung solcher Aufgaben mit sich bringen, die auf die Wahrung der allgemeinen Belange des Staates oder anderer öffentlicher Körperschaften gerichtet sind".[244]

Zugangsvorbehalt

Den Mitgliedstaaten wird das Recht zugestanden, den **Zugang** zu den Stellen in der öffentlichen Verwaltung den **eigenen Staatsangehörigen vorzubehalten**.

Dieses Recht ist mit dem Zugangsvorbehalt erschöpft. Lässt der Mitgliedstaat dennoch Ausländer zu solchen Stellen zu, hat er sie den eigenen Staatsangehörigen dann auch umfassend gleichzustellen.[245]

---

243 EuGH, Urt. v. 16.06.1987, Rs. 225/85, CNR, Slg. 1985, 2625.

244 EuGH, Urt. v. 17.12.1980, Rs. 149/79, Öffentlicher Dienst, Tz. 12, Slg. 1980, 3881 - 3905 (3900).

245 EuGH. Urt. v. 16.06.1987, Rs. 225/85, Slg. 1987, 2625.

IV. Rechtfertigung

1. Anerkannte Rechtfertigungsgründe

Schutzklauseln

a) Die Gewährleistungen der Arbeitnehmerfreizügigkeit gelten gemäß **Art. 45 III AEUV** nur vorbehaltlich der aus Gründen der öffentlichen Ordnung, Sicherheit und Gesundheit gerechtfertigten Beschränkungen. 292

Zunächst schien der EuGH diese Rechtfertigungsgründe auf die Begleitrechte gemäß Art. 45 III AEUV zu begrenzen. Inzwischen hat er sie aber auch auf andere Eingriffe in die Arbeitnehmerfreizügigkeit angewandt.[246]

primärrechtsimmanente Schranken

b) Darüber hinaus können Eingriffe in die Arbeitnehmerfreizügigkeit auch **aus zwingenden Gründen des Allgemeininteresses** zulässig sein.[247] 293

2. Verhältnismäßigkeitsprinzip und andere Anforderungen an die Rechtfertigung

Verhältnismäßigkeitsprinzip

Entsprechende Maßnahmen müssen dem Verhältnismäßigkeitsprinzip genügen. Insbesondere müssen sie zur Erreichung des mit ihnen verfolgten Zieles **geeignet** sein und dürfen nicht über das zur Zielerreichung **erforderliche Maß** hinausgehen.[248] 294

Dabei ist, wenn mehrere geeignete Mittel zur Verfügung stehen, das Mittel zu wählen, das die Arbeitnehmerfreizügigkeit **am wenigsten beeinträchtigt**. Zudem müssen die Beeinträchtigungen der Arbeitnehmerfreizügigkeit in einem **angemessenen** Verhältnis zum angestrebten Ziel stehen.

allgemeiner Gleichheitssatz

Jede Rechtfertigung ist zudem im Lichte des allgemeinen Gleichheitssatzes auszulegen. Die Maßnahmen müssen in nichtdiskriminierender Weise angewandt werden.[249] 295

insbesondere Art. 39 II EG

Im Rahmen der Arbeitnehmerfreizügigkeit sind insbesondere alle direkten oder indirekten Diskriminierungen (ungerechtfertigten Benachteiligungen) der Arbeitnehmer aufgrund ihrer Staatsangehörigkeit verboten, vgl. Art. 45 II AEUV.

---

246 Z.B. EuGH, Urt. v. 07.05.1998, Rs. C-350/96, Tz. 39 bis 42, Slg. 1998, I-2521 - 2586: auf Art. 39 II EGV.

247 EuGH, Urt. v. 15.12.1995, Rs. C-415/93, Bosman, Tz. 104, EuZW 1996, 82 - 91 (88).

248 Vgl. EuGH, Urt. v. 30.11.1995, Rs. C-55/94, Gebhard, Tz. 37, Slg. 1995, I-4165 - 4201 (Fn. 191).

249 Vgl. EuGH, Urt. v. 30.11.1995, Rs. C-55/94, Gebhard, Tz. 37, Slg. 1995, I-4165 - 4201 (Fn. 191).

Missbrauchsverbot

Das Missbrauchsverbot findet in der Arbeitnehmerfreizügigkeit zwar keinen ausdrücklichen Niederschlag, gilt aber als ungeschriebener Grundsatz. 296

E) Niederlassungsfreiheit, Art. 49 ff. AEUV

I. Schutzbereich der Niederlassungsfreiheit

1. Freiheitsspezifisches Merkmal

Mobilität der Selbständigen

Die Niederlassungsfreiheit soll die binnengrenzüberschreitende Mobilität der selbstständig Erwerbstätigen und der Unternehmen gewährleisten. Sie sollen sich dauerhaft in die Wirtschaftssysteme anderer Staaten integrieren können, um dort ihre Leistungen anbieten und erbringen zu können. 297

primäre Niederlassungsfreiheit

Der Begriff der Niederlassung wird in Art. 49 II AEUV als „Aufnahme und Ausübung selbstständiger Erwerbstätigkeiten sowie als Gründung und Leitung von Unternehmen" umschrieben, ohne damit abschließend definiert zu sein.[250] Gerade in Abgrenzung zur Dienstleistungsfreiheit ist die Niederlassung gekennzeichnet durch die **stabile und kontinuierliche Weise der Teilnahme** am Wirtschaftsleben eines anderen Mitgliedstaates als des Herkunftsstaates.[251]

sekundäre Niederlassungsfreiheit

Daneben wird gemäß Art. 49 I S. 2 AEUV auch die Gründung von Agenturen, Zweigniederlassungen oder Tochtergesellschaften den Bestimmungen der Niederlassungsfreiheit unterworfen.

Spezialverweisung

Für Tätigkeiten, die mit der Ausübung der Kapitalverkehrsfreiheit verbunden sind, gelten gemäß Art. 49 II AEUV die Art. 63 ff. AEUV.

2. Unionsspezifisches Merkmal

primäre Niederlassungsfreiheit

a) Begünstigte Selbstständige der Niederlassungsfreiheit sind gemäß Art. 49 I S. 1 AEUV nur solche Personen und Unternehmen, die einem Mitgliedstaat der Union zuzuordnen sind. 298

nat. Personen

aa) Natürliche Personen müssen somit die **Staatsangehörigkeit** eines Mitgliedstaates besitzen.

Unternehmen

bb) Gemäß Art. 54 I AEUV i.V.m. Art. 49 AEUV gilt die Niederlassungsfreiheit auch für Gesellschaften i.S.d. Art. 54 II AEUV.

---

250 Erhard, Art. 52 EGV, Rn. 2, Lenz (Hrsg.), EGV-Kommentar, 1994.

251 EuGH, Urt. v. 30.11.1995, Rs. C-55/94, Gebhard, Tz. 37, Slg. 1995, I-4165 - 4201 (Fn. 191).

Diese müssen nach den Rechtsvorschriften eines Mitgliedstaates gegründet worden sein und ihren satzungsmäßigen Sitz, ihre Hauptverwaltung oder ihre Hauptniederlassung innerhalb der Union haben **(⇨ „Gründung und Präsenz")**. Als Gesellschaften i.d.S. gelten alle juristischen Personen und Gesellschaften des bürgerlichen Rechts und des Handelsrechts, die am Wirtschaftsleben beteiligt sind.

sekundäre Niederlassungsfreiheit

b) Hinsichtlich der in Art. 49 I S. 2 AEUV geregelten sekundären Niederlassungsfreiheit müssen Personen/Unternehmen **zusätzlich** in einem Mitgliedstaat **ansässig** sein. 299

nat. Personen

aa) Natürliche Personen müssen deshalb auch ihren **Wohnsitz** in der Union haben.

Unternehmen

bb) Unternehmen müssen eine **tatsächliche und dauerhafte Verbindung ihrer Tätigkeit mit der Wirtschaft eines Mitgliedstaates** nachweisen **(⇨ „Gründung und effektive Präsenz")**.[252]

tatsächlicher Sitz ⇨ (+)

Hat das Unternehmen seine **Hauptverwaltung** oder **Hauptniederlassung** im Unionsgebiet, ist das Merkmal der Ansässigkeit ohne weiteres erfüllt.

satzungsmäßiger Sitz ⇨ (?)

Hat das Unternehmen lediglich seinen **satzungsmäßigen Sitz** im Unionsgebiet, ist die Erfüllung des Merkmals der Ansässigkeit fraglich und bedarf einer näheren Prüfung. Die Verbindung mit der Union kann aber z.B. darin bestehen, dass das Unternehmen im Unionsgebiet bereits eine Zweigniederlassung unterhält, wichtige Absatzgebiete findet oder bedeutende Investitionen vornimmt.

3. Verkehrsspezifisches Merkmal

binnengrenzüberschreitendes Element

Die Niederlassungsfreiheit erfasst nur binnengrenzüberschreitende Vorgänge - der Begünstigte muss zur Niederlassung direkt oder indirekt (über Drittstaaten) eine Binnengrenze überschritten haben. 300

irrelevant

Unbeachtlich ist, ob der Wechsel ins Ausland, im Ausland oder aus dem Ausland erfolgt. Auch die Häufigkeit der Grenzüberschreitung ist **irrelevant**.[253]

[252] Rat, Allgemeines Programm zur Aufhebung der Beschränkungen der Niederlassungsfreiheit vom 18.12.61, ABl. 1962/36.

[253] Siehe Rn. 285.

II. Eingriffe in die Niederlassungsfreiheit

Beeinträchtigung durch GF-Verpflichtete

Einen rechtfertigungsbedürftigen Eingriff in die Niederlassungsfreiheit stellt jede **Maßnahme eines Grundfreiheitsverpflichteten** dar, die die Ausübung dieser Grundfreiheit **behindert oder weniger attraktiv macht**.[254] 301

1. Begleitrechte des Selbstständigen

Begleitrechte

Obwohl die Begleitrechte, wie sie von Art. 45 III AEUV für Arbeitnehmer aufgezählt sind, von den Bestimmungen der Niederlassungsfreiheit nicht genannt werden, werden auch sie über Art. 49 AEUV gewährleistet. 302

Der Umfang dieser Rechte wird durch die Richtlinie 73/148/EWG, Richtlinie 75/34/EWG sowie die VO (EWG) Nr. 1251/71 konkretisiert. Sie sind denen der Arbeitnehmerfreizügigkeit im Wesentlichen gleich ausgestaltet.

2. Allgemeines Beschränkungsverbot

urspr. bloßes Diskriminierungsverbot

Auch die Niederlassungsfreiheit wurde wie die Arbeitnehmerfreizügigkeit lange Zeit als bloßes Diskriminierungsverbot interpretiert. Gemäß Art. 49 II AEUV umfasse sie **nur** das Gebot zur Inländergleichbehandlung hinsichtlich der **Aufnahme und Ausübung selbstständiger Erwerbstätigkeit** und (über den Wortlaut hinaus) hinsichtlich aller **sonstigen persönlichen Lebensbedingungen**.[255] 303

Gebhard-Urteil ⇨ allg. Beschränkungsverbot

Im Gebhard-Urteil hat der EuGH endgültig klargestellt, dass **auch sonstige Behinderungen** einen Eingriff in die Niederlassungsfreiheit darstellen und demgemäß rechtfertigungsbedürftig sind, ohne dass es insoweit auf einen diskriminierenden Charakter ankommt.[256]

Grundsatz: Dassonville-Formel

Beeinträchtigungen der Niederlassungsfreiheit stellen demnach **grundsätzlich** alle Maßnahmen dar, die die **grenzüberschreitende Mobilität der Selbstständigen** unmittelbar oder mittelbar, tatsächlich oder potenziell **beeinträchtigen**.[257] 304

---

[254] EuGH, Urt. v. 05.11.2002, Rs. C-208/00, NJW 2002, 3614; EuGH, Urt. v. 30.11.1995, Rs. C-55/94, Gebhard, Tz. 37, Slg. 1995, I-4165 - 4201.

[255] EuGH, Urt. v. 18.06.1985, Rs. 197/84, Steinhauser, Slg. 1985, 1819.

[256] Vgl. EuGH, Urt. v. 30.11.1995, Rs. C-55/94, Gebhard, Tz. 37, Slg. 1995, I-4165 - 4201 (Fn. 191).

[257] Nettesheim, Die europarechtlichen Grundrechte auf wirtschaftliche Mobilität (Art 48, 52 EGV), NVwZ 1996, 342 - 345 (343 f.).

Ausnahmen

Davon auszunehmen sind entsprechend der Keck-Rspr. jedoch wohl auch hier alle Maßnahmen, die sich **lediglich** als für alle Wirtschaftsteilnehmer **unterschiedslos geltende** Regelungen der **Ausübung einer Tätigkeit** darstellen,[258] auch wenn dies der EuGH noch nicht eindeutig entschieden hat.

Die Rechtsprechung des EuGH ist dazu noch sehr wenig entwickelt. Zumindest für Regelungen über **Ladenöffnungszeiten** hat der EuGH in Parallelität zu Art. 34 AEUV einen Eingriff verneint.[259]

III. Bereichsausnahmen

Art. 51 I AEUV

Art. 51 I AEUV formuliert eine Ausnahme vom Grundsatz der Niederlassungsfreiheit für **Tätigkeiten, die mit der Ausübung öffentlicher Gewalt verbunden sind**. 305

Auslegung

Für jeden Mitgliedstaat werden die nationalen Bestimmungen über die Struktur und die Ausübung des betreffenden Berufes gesondert gewürdigt. Soweit solche Tätigkeiten innerhalb eines Berufes sinnvoll abtrennbar sind, verbleibt es für den übrigen Teil des Berufes beim Grundsatz der Niederlassungsfreiheit,[260] ansonsten ist Art. 51 I AEUV bezüglich des gesamten Berufs einschlägig.

IV. Rechtfertigung

1. Anerkannte Rechtfertigungsgründe

Schutzklauseln

a) Die Gewährleistungen der Niederlassungsfreiheit gelten gemäß **Art. 52 I AEUV** nur vorbehaltlich mitgliedstaatlicher Regelungen, die aus Gründen der öffentlichen Ordnung, Sicherheit und Gesundheit gerechtfertigt sind. 306

Über den Wortlaut dieser Norm hinaus sind diese Rechtfertigungsgründe nicht auf **Sonderregelungen für Ausländer** beschränkt, sondern auf sämtliche Eingriffe in die Niederlassungsfreiheit anwendbar.[261]

primärrechts-immanente Schranken

b) Darüber hinaus können Eingriffe in die Niederlassungsfreiheit entsprechend der Cassis-Rechtsprechung auch **aus zwingenden Gründen des Allgemeininteresses** zulässig sein.[262] 307

---

258 GA Lenz, Schlussanträge, Rs. C-415/93, Bosman, Tz. 205, EuGRZ 1995, 459 (493).

259 EuGH, Urt. v. 20.06.1996, Rs. 418-421, 460-464/93, 9-11/94, 14-15/94, 23-24/94, 332/94, Semeraro, Tz. 32, Slg. 1996, I-2975-3012 (3009).

260 EuGH, Urt. v. 21.06.1974, Rs. 2/74, Reyners, Tz. 46/47, Slg. 1974, 631 - 670 (654).

261 Vgl. EuGH, Urt. v. 28.04.1998, Rs. C-158/96, Tz. 45 bis 53, Slg. 1998, I-1931 - 1952 (I-1949 f.).

262 Vgl. EuGH, Urt. v. 30.11.1995, Rs. C-55/94, Gebhard, Tz. 37, Slg. 1995, I-4165 - 4201 (Fn. 191).

2. Verhältnismäßigkeitsprinzip und weitere Anforderungen an die Rechtfertigung

Verhältnismäßigkeitsprinzip

Entsprechende Maßnahmen müssen dem Verhältnismäßigkeitsprinzip genügen. Insbesondere müssen sie zur Erreichung des mit ihnen verfolgten Zieles **geeignet** sein und dürfen nicht über das zur Zielerreichung **erforderliche Maß** hinausgehen.[263] 308

Dabei ist, wenn mehrere geeignete Mittel zur Verfügung stehen, das Mittel zu wählen, das die Niederlassungsfreiheit **am wenigsten beeinträchtigt**. Zudem müssen die Beeinträchtigungen der Niederlassungsfreiheit in einem **angemessenen** Verhältnis zum angestrebten Ziel stehen.

allgemeiner Gleichheitssatz

Jede Rechtfertigung ist zudem im Lichte des allgemeinen Gleichheitssatzes auszulegen. Die Maßnahmen müssen in nichtdiskriminierender Weise angewandt werden.[264] 309

Im Rahmen der Niederlassungsfreiheit sind insbesondere alle direkten oder indirekten Diskriminierungen (ungerechtfertigten Benachteiligungen) der Selbstständigen aufgrund ihrer Staatsangehörigkeit bzw. der Unternehmen aufgrund ihrer Staatszugehörigkeit verboten, vgl. z.B. Art. 49 II AEUV.

Missbrauchsverbot

Das Missbrauchsverbot findet in der Niederlassungsfreiheit zwar keinen ausdrücklichen Niederschlag, gilt aber als ungeschriebener Grundsatz. 310

F) Dienstleistungsfreiheit, Art. 56 ff. AEUV

I. Schutzbereich der Dienstleistungsfreiheit

1. Freiheitsspezifisches Merkmal

Auffanggrundfreiheit

Die Dienstleistungsfreiheit erfasst alle grenzüberschreitenden wirtschaftlichen Betätigungen, die nicht von den anderen Grundfreiheiten erfasst werden. Sie bildet so die Auffanggrundfreiheit. 311

In Abgrenzung zur Niederlassungsfreiheit ist die Dienstleistung nur mit einer **vorübergehenden** Grenzüberschreitung verbunden. Im Gegensatz zur Arbeitnehmerfreizügigkeit werden nur **selbstständige** Tätigkeiten umfasst.

---

263 Vgl. EuGH, Urt. v. 30.11.1995, Rs. C-55/94, Gebhard, Tz. 37, Slg. 1995, I-4165 - 4201 (Fn. 191).

264 Vgl. EuGH, Urt. v. 30.11.1995, Rs. C-55/94, Gebhard, Tz. 37, Slg. 1995, I-4165 - 4201 (Fn. 191).

Dienstleistung

Dienstleistungen i.S.d. AEUV sind gemäß Art. 57 I AEUV alle „**Leistungen, die in der Regel gegen Entgelt erbracht werden**“, soweit sie nicht den Vorschriften über die anderen Grundfreiheiten unterliegen.

Spezialverweisungen

Für Dienstleistungen im Bereich Verkehr verweist Art. 58 I AEUV auf die Bestimmungen über Gemeinsame Verkehrspolitik (Art. 90 ff. AEUV).

2. Unionsspezifisches Merkmal

Gebietsansässigkeit

Der Unionsbezug der begünstigten Leistungsvorgänge wird gemäß Art. 56 I AEUV über die beteiligten Personen hergestellt. Die begünstigten Dienstleistungserbringer und -empfänger müssen in einem Mitgliedstaat der Union **ansässig** sein. 312

Dienstleistungserbringer

Darüber hinaus muss der **Dienstleistungserbringer** die Staatsangehörigkeit bzw. Staatszugehörigkeit eines Mitgliedstaates besitzen.[265]

3. Verkehrsspezifisches Merkmal

Die Dienstleistungsfreiheit erfasst nur binnengrenzüberschreitende Vorgänge. 313

aktive Dienstleistungsfreiheit

Zwar spricht Art. 57 III AEUV ausdrücklich nur den Fall an, dass der Dienstleistungserbringer die Grenze überschreitet, um seine Leistung zu erbringen (sog. **positive** bzw. **aktive Dienstleistungsfreiheit**). Diese Norm erwähnt damit aber nur eine der durch Art. 56 I AEUV eröffneten Möglichkeiten.

passive Dienstleistungsfreiheit

Erfasst werden von der Dienstleistungsfreiheit aber auch jene Vorgänge, bei denen nur der Dienstleistungsempfänger eine Grenze überschreitet (sog. **negative** bzw. **passive Dienstleistungsfreiheit**).[266]

Korrespondenzdienstleistungen

Neben diesen beiden personellen Erscheinungsformen werden aber auch sog. **Korrespondenzdienstleistungen** geschützt. Bei ihnen überschreitet - ähnlich wie bei den Gegenstandsverkehrsfreiheiten - nur die Dienstleistung selbst die Grenze.

---

265 Vgl. in dieser Hinsicht die Ausführungen i.R.d. Niederlassungsfreiheit!

266 EuGH, Urt. v. 16.01.2003, Rs. C-388/01, DVBl. 2003, 388 (Besuch eines Museums im EG-Ausland).

II. Eingriffe in die Dienstleistungsfreiheit

Beeinträchtigung durch GF-Verpflichtete

Einen rechtfertigungsbedürftigen Eingriff in die Dienstleistungsfreiheit stellt jede **Maßnahme eines Grundfreiheitsverpflichteten** dar, die die Ausübung dieser Grundfreiheit **behindert oder weniger attraktiv macht**.[267] 314

1. Begleitrechte des Selbstständigen

Begleitrechte

Da die Dienstleistungsfreiheit auch personelle Erscheinungsformen umfasst, war auch für sie die Gewährleistung von Begleitrechten i.S.d. Art. 45 III AEUV notwendig. 315

2. Allgemeines Beschränkungsverbot

allg. Beschränkungsverbot

Zwar enthält Art. 57 III AEUV nur ein Gleichbehandlungsgebot, dennoch wurde die Dienstleistungsfreiheit im Gegensatz zu den Personenverkehrsfreiheiten schon sehr frühzeitig als allgemeines Beschränkungsverbot interpretiert.[268] 316

Grundsatz

Beeinträchtigungen der Dienstleistungsfreiheit stellen demnach grundsätzlich alle **Maßnahmen dar, die geeignet sind, die grenzüberschreitende Leistung von Diensten zu behindern**.[269]

Ausnahmen

Auch im Rahmen der Dienstleistungsfreiheit werden Ausnahmen vom weit gefassten Grundsatz des Eingriffstatbestands diskutiert.[270]

Je nachdem, ob es sich um Erscheinungsformen des Leistungs- oder des Personenverkehrs handelt, muss auf die jeweils **vergleichbaren Formeln** der Gegenstands- oder Personenverkehrsfreiheiten zurückgegriffen werden.

Auch hier gelten unterschiedslose Regelungen über Ladenschlusszeiten, allgemeine Arbeitsschutz- oder Vertragsrechtsregelungen (z.B. Formerfordernisse) etc. wohl nicht als Eingriff. Sie haben nämlich keinerlei Auswirkungen auf den Marktzugang der betroffenen Wirtschaftsteilnehmer und Leistungen. Diese Frage ist bisher aber nicht eindeutig entschieden.

---

267 EuGH, Urt. v. 30.11.1995, Rs. C-55/94, Gebhard, Tz. 37, Slg. 1995, I-4165 - 4201 (Fn. 191).

268 EuGH, Urt. v. 25.02.1988, Rs. 427/85, Gouvernantenklausel, Tz. 12, Slg. 1988, 1123 - 1168.

269 EuGH, Urt. v. 25.07.1991, Rs. C-76/90, Säger/Dennemeyer, Tz. 12, Slg. 1991, I-4221 - 4246.

270 Vgl. EuGH, Urt. v. 10.05.1995, Rs. C-384/93, Tz. 33-38, Slg. 1995, I-1141 - 1184 (I-1176 ff.).

III. Bereichsausnahmen

Über Art. 62 AEUV greift auch hinsichtlich der Dienstleistungsfreiheit die Ausnahmeregelung des **Art. 51 I AEUV** für **Tätigkeiten** ein, **die mit der Ausübung öffentlicher Gewalt verbunden sind**. *317*

IV. Rechtfertigung

1. Anerkannte Rechtfertigungsgründe

Schutzklauseln

a) Die Dienstleistungsfreiheit gilt gemäß **Art. 62, 52 I AEUV** nur vorbehaltlich nationaler Regelungen, die aus Gründen der öffentlichen Ordnung, Sicherheit und Gesundheit gerechtfertigt sind. *318*

primärrechts-immanente Schranken

b) Zudem sind Eingriffe in die Dienstleistungsfreiheit auch **aus zwingenden Gründen des Allgemeininteresses** zulässig.[271] *319*

2. Verhältnismäßigkeitsprinzip und weitere Anforderung an die Rechtfertigung

Verhältnismäßigkeits-prinzip

Entsprechende Maßnahmen müssen dem Verhältnismäßigkeitsprinzip genügen. Insbesondere müssen sie zur Erreichung des mit ihnen verfolgten Zieles **geeignet** sein und dürfen nicht über das zur Zielerreichung **erforderliche Maß** hinausgehen.[272] *320*

Dabei ist, wenn mehrere geeignete Mittel zur Verfügung stehen, das Mittel zu wählen, das die Dienstleistungsfreiheit **am wenigsten beeinträchtigt**. Zudem müssen die Beeinträchtigungen der Dienstleistungsfreiheit in einem **angemessenen** Verhältnis zum angestrebten Ziel stehen.

3. Sekundäre Rechtfertigungsebene

allg. Gleichheitssatz

Jede Rechtfertigung ist zudem im Lichte des allgemeinen Gleichheitssatzes auszulegen. Die Maßnahmen müssen in nichtdiskriminierender Weise angewandt werden.[273] *321*

---

[271] EuGH, Urt. v. 10.05.1995, Rs. C-384/93, Tz. 44, Slg. 1995, I-1141 - 1184 (I-1179); EuGH, Urt. v. 08.09.2010, Rs. C-409/06, GewArch 2010, 442 - 444 = **Life&Law 01/2011, 60 - 68** = **juris**byhemmer.

[272] EuGH, Urt. v. 30.11.1995, Rs. C-55/94, Gebhard, Tz. 37, Slg. 1995, I-4165 - 4201.

[273] Vgl. EuGH, Urt. v. 30.11.95, Rs. C-55/94, Gebhard, Tz. 37, Slg. 1995, I-4165 - 4201.

Im Rahmen der Dienstleistungsfreiheit sind insbesondere alle direkten oder indirekten Diskriminierungen (ungerechtfertigten Benachteiligungen) der Dienstleistungserbringer und -empfänger aufgrund ihrer Staatsangehörigkeit bzw. -zugehörigkeit oder ihrer Ansässigkeit verboten,[274] vgl. z.B. Art. 61 AEUV.

G) Zahlungsverkehrsfreiheit, Art. 63 ff. AEUV

urspr.: Gegenleistungen für GF-Leistungen

Die Zahlungsverkehrsfreiheit war ursprünglich als Hilfsfreiheit zu den anderen Grundfreiheiten konzipiert worden. Sie sollte sicherstellen, dass **Schuldbegleichungen für Leistungen, die in Ausübung der Grundfreiheiten empfangen worden sind**, unbeschränkt möglich sind. 322

jetzt: jede Schuldzahlung

Inzwischen wird die Zahlungsverkehrsfreiheit aber auf jede **rechtsgeschäftliche Erfüllung einer Geldschuld durch Zahlungsmittel** angewandt.

Die Zahlungsverkehrsfreiheit unterliegt denselben Regelungen wie die Kapitalverkehrsfreiheit.

274 EuGH, Urt. v. 06.10.1981, Rs. 246/80, Slg. 1981, 2311 - 2332 (2329).

§ 11 DAS ALLGEMEINE DISKRIMINIERUNGSVERBOT

A) Allgemeines 323

Das allgemeine Diskriminierungsverbot gem. Art. 18 AEUV schützt nicht umfassend vor Diskriminierungen, sondern

- nur im Anwendungsbereich des AEUV und
- nur gegen Diskriminierungen aufgrund der Staatsangehörigkeit.

B) Die Prüfung des Diskriminierungsverbotes

Die Prüfung des Diskriminierungsverbotes durch den EuGH lässt folgende Struktur erkennen: 324

1. **Schutzbereich** des Diskriminierungsverbotes
2. **Eingriff** in das Diskriminierungsverbot
3. **Rechtfertigung** des Eingriffs

I. Schutzbereich des Diskriminierungsverbotes

1. Eröffnung des Schutzbereiches

Das allgemeine Diskriminierungsverbot gilt gemäß Art. 18 AEUV im Anwendungsbereich der Verträge, d.h. auch für den EUV und nicht nur für den AEUV (wie dies noch bei Art. 12 EG der Fall war). Allerdings ist in Art. 9 EUV ein spezielles Diskriminierungsverbot geregelt, das sich in Abgrenzung zu Art. 18 AEUV an die Organe der Union richtet. 325

a) Darunter fallen sämtliche Sachmaterien, in denen die Union tätig werden darf.

Zugang zur Berufsausbildung (+)

Der **Zugang zur Berufsausbildung** fällt in den sachlichen Anwendungsbereich des Vertrages (Art. 166 AEUV). Studienzulassungsbeschränkungen wie Numerus-Clausus-Regelungen unterliegen also dem Diskriminierungsverbot, sofern das Studium der Berufsausbildung dienen soll. EU-Ausländer dürfen gegenüber Inländern nicht benachteiligt werden, d.h., besondere Quotenregelungen für ausländische Studienbewerber dürfen nicht auf EU-Ausländer angewendet werden.

BAföG-Leistungen (-)

Leistungen nach dem BAföG unterliegen nicht dem allgemeinen Diskriminierungsverbot, denn sie liegen nicht im Anwendungsbereich des AEUV. Die Unionszuständigkeit in der Bildungs- und Sozialpolitik ist vergleichsweise nur rudimentär vorhanden. Förderungen an Studenten für deren Lebensunterhalt und Ausbildung gehören weiterhin zur Zuständigkeit der Mitgliedstaaten.

b) Art. 18 AEUV ist nur auf binnengrenzüberschreitende Sachverhalte anwendbar, denn nur diese liegen im Anwendungsbereich des AEUV.

2. Subsidiarität gegenüber Spezialregelungen

Das allgemeine Diskriminierungsverbot gilt gemäß Art. 18 AEUV „unbeschadet besonderer Bestimmungen der Verträge". **326**

ANF, NLF u. DLF (+)

Solche besonderen Bestimmungen finden sich in den **Personenverkehrsfreiheiten** (Art. 45 II, 49 UA 2 AEUV) und der **Dienstleistungsfreiheit** (Art. 57 UA 3, 61 AEUV).

Art. 157 AEUV (-)

Keine Spezialvorschrift zu Art. 18 AEUV bildet dagegen Art. 157 AEUV. Diese Norm verbietet nicht die Diskriminierung aufgrund der Staatsangehörigkeit, sondern aufgrund des Geschlechts.

Art. 110 AEUV (-)

Ebenso wenig verdrängt Art. 110 AEUV das allgemeine Diskriminierungsverbot, da diese Norm steuerliche Diskriminierungen aufgrund der Herkunft von Waren verbietet.

II. Eingriff in das Diskriminierungsverbot

Einen Eingriff in das Diskriminierungsverbot stellt jede offene **327**
oder versteckte Ungleichbehandlung aufgrund der Staatsangehörigkeit durch einen zur Einhaltung dieses Verbotes Verpflichteten dar.

1. Verpflichtete des Diskriminierungsverbotes

328

Verpflichtet werden durch das allgemeine Diskriminierungsverbot jedenfalls

- die Union und ihre Institutionen, vgl. aber auch Art. 9 EUV, sowie
- die Mitgliedstaaten und ihre Organe.

unmittelbare Drittwirkung

Dass dem Diskriminierungsverbot auch unmittelbare Drittwirkung zukommen kann, hat der EuGH inzwischen grundsätzlich bejaht.[275]

[275] EuGH, Urt. v. 12.12.1974, Rs. 36/74, Walrave, Tz. 16/19, Slg. 1974, 654.

Umstritten ist aber weiterhin, **wie weit** diese Drittwirkung reicht. Zum Teil wird dem Verbot generelle Drittwirkung zugesprochen. Teilweise wird diese Frage einschränkender dahingehend beantwortet, dass die Drittwirkung umso eher zu bejahen ist, je stärker die wirtschaftliche Macht der Privaten ist.

Bsp.: Der Einzelne kann sich z.B. auch gegenüber Sportverbänden und Berufsorganisationen auf das Diskriminierungsverbot berufen.

2. Ungleichbehandlung aufgrund der Staatsangehörigkeit

offene Ungleichbehandlung (+)

a) Eine **offene (unmittelbare, direkte) Ungleichbehandlung** aufgrund der Staatsangehörigkeit liegt vor, wenn eine Rechtsfolge direkt bzw. unmittelbar an das Tatbestandsmerkmal der Staatsangehörigkeit angeknüpft wird. *329*

Für Handlungen der Unionsorgane bedeutet dies, dass sie auch die Mitgliedstaaten als solche nicht ungleich behandeln dürfen.

versteckte Ungleichbehandlung (+)

b) Eine **versteckte (mittelbare, indirekte) Ungleichbehandlung** aufgrund der Staatsangehörigkeit liegt vor, wenn die Anwendung anderer Unterscheidungsmerkmale tatsächlich zu dem gleichen Ergebnis führt.[276] *330*

In ständiger Rechtsprechung sieht der EuGH in der Anknüpfung an den **Wohnsitz** oder **Aufenthaltsort** einer Person eine versteckte Ungleichbehandlung. Auch **Sprachkenntnisse** oder andere **Eigenschaften, die typischerweise eher Inländer innehaben**, können faktisch zu einer Ungleichbehandlung aufgrund der Staatsangehörigkeit führen.

☑

hemmer-Methode: Diese Grundsätze müssen auch herangezogen werden, wenn es um die Auslegung der speziellen Diskriminierungsverbote bei den vier Grundfreiheiten geht.

sonstige Behinderungen (-)

c) **Sonstige Behinderungen** der Freiheit des Einzelnen, die nicht die o.g. Kriterien erfüllen, stellen dagegen keinen Eingriff dar. *331*

Das ist insbesondere der Fall, wenn ein Mitgliedstaat zwar alle seiner Hoheitsgewalt unterworfenen Personen gleich behandelt, seine Gesetze aber von denen anderer Mitgliedstaaten erheblich abweichen.

---

276 EuGH, Urt. v. 12.02.1974, Rs. 152/73, Sotgiu, Tz. 11, Slg. 1974, 153 - 175.

Bsp.: So schützt Art. 18 AEUV z.B. nicht vor Beschränkungen der wirtschaftlichen Freiheit, die sich für den Einzelnen aufgrund der unterschiedlich strengen Rechtsordnungen der Mitgliedstaaten ergeben.[277]

III. Rechtfertigung des Eingriffs

a) Ob das Diskriminierungsverbot absolut oder relativ gilt, d.h., 332
ob und inwieweit Ungleichbehandlungen gerechtfertigt werden können, ist umstritten.

versteckte Ungleichbehandlung

Versteckte Ungleichbehandlungen können aus sachlichen Gründen bzw. zum Schutz öffentlicher Interessen gerechtfertigt sein. Zum Teil wird sogar vom **Gebot der Differenzierung** gesprochen.[278]

offene Ungleichbehandlung

Für **offene Ungleichbehandlungen** hat der EuGH dies bisher jedoch (noch) nicht so klar bejaht. Jedoch geht auch hier die h.L. von einem relativen - wenngleich auch viel strengeren - Verbot aus.

Verhältnismäßigkeitsprinzip

b) Allerdings ist eine Ungleichbehandlung nur dann objektiv ge- 333
rechtfertigt, wenn sie **in einem angemessenen Verhältnis zum Differenzierungsziel** steht.

Grundrechte

c) Auch hier ist wohl anzunehmen, dass die Rechtfertigung ins- 334
besondere auch im Lichte der **Grundrechte** auszulegen ist.

Missbrauchsverbot

d) Trotz objektiver Rechtfertigung liegt ein Verstoß gegen 335
Art. 18 AEUV vor, wenn der Verpflichtete gerade aus Gründen der Staatsangehörigkeit **diskriminieren will**. Ausschlaggebend wäre also der auf Diskriminierung gerichtete subjektive Wille.

IV. Unmittelbare Wirkungen des allgemeinen Diskriminierungsverbots (ADV)

objektiv-rechtliche Wirkung

Art. 18 AEUV ist rechtlich vollkommen sowie hinreichend genau 336
und unbedingt. Die Norm stellt deshalb innerstaatlich unmittelbar anwendbares Recht dar.

subjektiv-rechtliche Wirkung

Art. 18 AEUV dient dem Interesse Einzelner. Die Norm erzeugt also zu deren Gunsten auch subjektiv-rechtliche Wirkung.

---

[277] Vgl. EuGH, Urt. 19.01.1988, Rs. 223/86, Pesca Valentia, Tz. 18, Slg. 1988, 83 - 110; vgl. EuGH, Urt. v. 03.07.1979, verb. Rs. 185-208/78, Slg. 1979, 2345 - 2371 (2361).

[278] GA, v. 16.10.1980, Rs. 147/79, Slg. 1980, 3005 (3024 f.); EuGH, Urt. v. 20.01.1994, Rs. C-129/92, EWS 1994, 96 - 98.

V. Prüfungsschema zum allgemeinen Diskriminierungsverbot (ADV)

I. Schutzbereich des ADV

Im Anwendungsbereich des EG-Vertrages
„unbeschadet besonderer Bestimmungen dieses Vertrages"

II. Eingriff in das ADV

Offene Ungleichbehandlung aus Gründen der Staatsangehörigkeit

Versteckte Ungleichbehandlung aus Gründen der Staatsangehörigkeit

Durch einen ADV-Verpflichteten

III. Rechtfertigung des Eingriffs

Sachliche Gründe

Öffentliche Interessen

⇨ Beachtung des Verhältnismäßigkeitsprinzips

⇨ Beachtung der Unionsgrundrechte

⇨ Beachtung des Missbrauchsverbots

WIEDERHOLUNGSFRAGEN: Rn.

1. Wie lässt sich der Begriff des „Europarechts“ verstehen? ..... *1 f.*
2. Was geschah durch die Einheitliche Europäische Akte? *6*
3. Was geschah durch den Vertrag über die Europäische Union? *7*
4. Was wurde durch den Amsterdamer Vertrag geändert? *9*
5. Was sind die wesentlichen Neuerungen des Vertrags von Lissabon? *13*
6. Was versteht man unter der „Supranationalität“ der Union? ..... *15 ff.*
7. Warum ist die Union kein Bundesstaat? *18*
8. Welche Rechtsnatur hat die Union? ..... *23 ff.*
9. Was versteht man unter dem Prinzip der Einheit der Rechtsordnung? *33*
10. Was versteht man unter dem Prinzip der begrenzten Ermächtigung? *34*
11. Wo findet das Prinzip der Unionstreue seinen Niederschlag im Unionsrecht? *36*
12. Welche Bedeutung hat das Prinzip des institutionellen Gleichgewichts? *38*
13. Welche Voraussetzungen hat das Subsidiaritätsprinzip? *39*
14. Mit welchen Schritten wird die Einhaltung des Verhältnismäßigkeitsprinzips überprüft? ..... *43 ff.*
15. Welche Bedeutung haben die Grundrechte im Unionsrecht? ..... *49 ff.*
16. Woraus werden die Grundrechte hergeleitet? *50*
17. Was versteht man unter der „Durchgriffswirkung des Unionsrechts“? ..... *54 ff.*
18. Welche Voraussetzungen hat die unmittelbare Wirkung des Unionsrechts? *59*
19. Wie ist das Verhältnis von Unionsrecht und nationalem Recht? ..... *61 ff.*
20. Welche Auslegungsmethoden kennt das Unionsrecht? *65*
21. Welche ungeschriebenen Primärrechtsquellen kennt das Unionsrecht? ..... *67 f.*
22. Was ist eine „Verordnung“? *69*
23. Worin unterscheidet sich die Richtlinie von der Verordnung? *70*
24. Welche Wirkungen kann eine Richtlinie entfalten? *72*
25. Welches sind die Voraussetzungen für die ausnahmsweise unmittelbare Wirkung von Richtlinien? ..... *73 ff.*
26. Mit welchem nationalen Rechtsakt lässt sich die „Entscheidung“ vergleichen? *78*
27. Welches sind die Hauptorgane der Union? *85*
28. Welche Aufgaben und Befugnisse hat das Europäische Parlament? *87*
29. Welche Aufgaben und Befugnisse hat der Rat? *91*
30. Wie setzt sich der Rat zusammen? *92*
31. Welche Aufgaben und Befugnisse hat die Kommission? *95*

32. Wie setzt sich die Kommission zusammen? *96*

33. Was ist das Europäische Gericht? *100*

34. Welche verschiedenen Rechtsetzungsverfahren gibt es im AEUV? .... *112 ff.*

35. Wie und von wem wird das Unionsrecht vollzogen? .... *120 ff.*

36. Nennen Sie die wichtigsten Verfahrensarten vor dem EuGH! *133*

37. Wie läuft das Vorverfahren bei Art. 258 AEUV ab? .... *140 ff.*

38. Wann kann das Rechtsschutzbedürfnis bei Art. 258 AEUV ausnahmsweise fehlen? *144*

39. Welche Besonderheit gilt für Individualklagen nach Art. 263 IV AEUV? .... *151 ff., 166*

40. Wer kann ein Vorabentscheidungsverfahren einleiten? *187*

41. Wann besteht bei Art. 267 AEUV eine Vorlagepflicht? .... *192 ff.*

42. Was geschieht bei einem Verstoß gegen die Vorlagepflicht? .... *197 f.*

43. Unter welchen Voraussetzungen besteht ein Amtshaftungsanspruch gegen die Union? .. *203*

44. Unter welchen Voraussetzungen besteht ein Amtshaftungsanspruch gegen die Mitgliedstaaten? .... *217 ff.*

45. Wann kann im Zusammenhang mit Richtlinien ein Amtshaftungsanspruch entstehen? *219*

46. Auf welche Anspruchsgrundlage kann die Amtshaftung der Mitgliedstaaten gestützt werden? *226*

47. Welche Auffassung vertritt der BGH? *231*

48. Welches sind die vier Grundfreiheiten? *232*

49. Welches ist der Grundaufbau für die Prüfung der Grundfreiheiten? *233*

50. Wer sind die Verpflichteten der Grundfreiheiten? *243*

51. Welche Rechtfertigungsmöglichkeiten kommen bei Grundfreiheiten grds. in Betracht? .... *247 ff.*

52. Welche Wirkung entfalten die Grundfreiheiten im innerstaatlichen Rechtsraum? *258*

53. Was ist eine Ware i.S.d. freien Warenverkehrs? *259*

54. Was ist eine mengenmäßige Einfuhrbeschränkung? *267*

55. Was ist eine Maßnahme gleicher Wirkung wie eine mengenmäßige Einfuhrbeschränkung? *268*

56. Was besagt die sog. Keck-Formel? *268*

57. Was besagt die sog. Groenveld-Formel? *269*

58. Was ist der Inhalt der sog. Cassis-Formel? *271*

59. Was ist ein Arbeitnehmer i.S.d Arbeitnehmerfreizügigkeit? *283*

60. Was ist ein sog. Wanderarbeitnehmer? *285*

61. Verbietet die Arbeitnehmerfreizügigkeit auch allgemeine Beschränkungen? *288*

62. Was gilt bei der Arbeitnehmerfreizügigkeit für die Angestellten in der öffentlichen Verwaltung? *291*

63. Welche Rechtfertigungsgründe kommen bei der Arbeitnehmerfreizügigkeit in Betracht? .... ***292 ff.***

64. Welchen Schutzbereich hat die Niederlassungsfreiheit? .... ***297 ff.***

65. Beinhaltet die Niederlassungsfreiheit ein allgemeines Beschränkungsverbot? ***303***

66. Welche Rechtfertigungsgründe kommen bei der Niederlassungsfreiheit in Betracht? .... ***306 ff.***

67. Wie können binnengrenzüberschreitende Vorgänge bei der Dienstleitungsfreiheit aussehen? ***313***

68. Stellt die Dienstleistungsfreiheit ein allgemeines Beschränkungsverbot dar? ***316***

69. Wie lassen sich Eingriffe in die Dienstleistungsfreiheit rechtfertigen? .... ***317 ff.***

70. Gegen welche Diskriminierungen schützt das allgemeine Diskriminierungsverbot aus Art. 18 AEUV? ***323***

71. Welchen praktischen Anwendungsbereich hat das allgemeine Diskriminierungsverbot? ***325***

72. Welche Vorschriften sind Spezialregeln gegenüber dem allgemeinen Diskriminierungsverbot? ***326***

73. Entfaltet das Diskriminierungsverbot auch Drittwirkung? ***328***

74. Was ist eine versteckte Diskriminierung? ***330***

Die Zahlen beziehen sich auf die Randnummern des Skripts

C

D

E

F

G

H

I

O

P

Q

R

S

W

Z

hemmer/wüst
Verlagsgesellschaft mbH

Mergentheimer Str. 44 / 97082 Würzburg
Tel.: 09 31 /7 97 82 38 / Fax: 09 31/7 97 82 40
Internet: www.hemmer-shop.de

REIHE INTELLIGENTES LERNEN

ISBN 978-3-86193

Grundwissen für Anfangssemester

ISBN	Titel	Auflage/Jahr/Euro
GW10 (-460-8)	BGB-AT Theorieband zu den wicht. Fällen	8.A/16 · 9,90
GW11 (-481-3)	SchuldR-AT Theorieband zu den wicht. Fällen	7.A/16 · 9,90
GW12 (-457-8)	SchuldR-BT I Theorieband zu den wicht. Fällen	7.A/16 · 9,90
GW13 (-399-1)	SchuldR-BT II Theoriebd. zu den wicht. Fällen	6.A/15 · 9,90
GW14 (-357-1)	Sachenrecht I Theorieband zu den wicht. Fällen	6.A/15 · 9,90
GW15 (-455-4)	Sachenrecht II Theorieband zu den wicht. Fällen	6.A/16 · 9,90
GW20 (-294-9)	Strafrecht AT Theorieband zu den wicht. Fällen	6.A/14 · 9,90
GW21 (-301-4)	Strafrecht BT Theorieband zu den wicht. Fällen	5.A/14 · 9,90
GW30 (-308-3)	StaatsR Theorieband zu den wicht. Fällen	6.A/14 · 9,90
GW31 (-269-7)	VerwaltungsR Theorieband zu den wicht. Fällen	6.A/14 · 9,90

Die wichtigsten Fälle

ISBN	Titel	Auflage/Jahr/Euro
DF0 (-198-0)	**Sonderband:** Der Streit- und Meinungsstand im neuen Schuldrecht	5.A/13 · 14,80
DF1 (-493-6)	76 Fälle - BGB AT	9.A/16 · 12,80
DF2 (-386-1)	55 Fälle - Schuldrecht AT	9.A/15 · 12,80
DF3 (-456-1)	51 Fälle - Schuldrecht BT - Kauf/WerkV	9.A/16 · 12,80
DF4 (-351-9)	42 Fälle - GoA/Bereicherungsrecht	8.A/14 · 12,80
DF5 (-345-8)	45 Fälle - Deliktsrecht	7.A/14 · 12,80
DF6 (-304-5)	44 Fälle - Verwaltungsrecht	8.A/14 · 12,80
DF25 (-400-4)	30 Fälle - Verwaltungsrecht BT Bayern	4.A/15 · 12,80
DF7 (-453-0)	32 Fälle - Staatsrecht	10.A/16 · 12,80
DF8 (-362-5)	34 Fälle - Strafrecht AT	9.A/15 · 12,80
DF9 (-350-2)	44 Fälle Strafrecht BT I - Vermögensd.	9.A/14 · 12,80
DF10 (-377-9)	44 Fälle Strafrecht BT II - Nicht-Vermögensd.	8.A/15 · 12,80
DF11 (-461-5)	50 Fälle - Sachenrecht I	8.A/16 · 12,80
DF12 (-494-3)	43 Fälle - Sachenrecht II - ImmobiliarSR	9.A/16 · 12,80
DF13 (-346-5)	40 Fälle - ZPO I - Erkenntnisverfahren	7.A/14 · 12,80
DF14 (-485-1)	25 Fälle - ZPO II - ZwangsvollstreckungsV	7.A/16 · 12,80
DF15 (-423-3)	35 Fälle - Handelsrecht	7.A/15 · 12,80
DF16 (-307-6)	36 Fälle - Erbrecht	6.A/14 · 12,80
DF17 (-489-9)	26 Fälle - Familienrecht	8.A/16 · 12,80
DF18 (-416-5)	32 Fälle - Gesellschaftsrecht	6.A/15 · 12,80
DF19 (-341-0)	39 Fälle - Arbeitsrecht	6.A/14 · 12,80
DF20 (-339-7)	35 Fälle - Strafprozessrecht	5.A/14 · 12,80
DF21 (-428-8)	23 Fälle - Europarecht	5.A/15 · 12,80
DF22 (-422-6)	10 Fälle - Musterkl. Examen ZivilR	7.A/15 · 14,80
DF23 (-475-2)	10 Fälle - Musterkl. Examen StrafR	6.A/16 · 14,80
DF24 (-391-5)	8 Fälle - Musterkl. Examen SteuerR	8.A/15 · 14,80

Skripten Basics (110)

ISBN	Titel	Auflage/Jahr/Euro
BI/1 (-448-6)	Zivilrecht I - BGB AT u.vertragl. SchuldV	10.A/16 · 16,90
BI/2 (-454-7)	Zivilrecht II - Sachenrecht/gesetzl. SV	8.A/16 · 16,90
BI/3 (-442-4)	Zivilrecht III - FamilienR/ErbR	8.A/15 · 16,90
BI/4 (-364-9)	Zivilrecht IV - ZivilprozessR	8.A/15 · 16,90
BI/5 (-486-8)	Zivilrecht V - Handels-/GesellschR	8.A/16 · 16,90
BI/6 (-258-1)	Zivilrecht VI - ArbeitsR	5.A/13 · 16,90
BII (-122-5)	Strafrecht	6.A/12 · 16,90
BIII/1 (-268-0)	Öffentliches Recht I -VerfassR/StaatsHR	6.A/14 · 16,90
BIII/2 (-388-5)	Öffentliches Recht II - VerwaltungsR	7.A/15 · 16,90
BIV (-403-5)	Steuerrecht - EstG & AO	9.A/15 · 16,90
BV (-314-4)	Europarecht	8.A/14 · 16,90

ISBN 978-3-86193

Skripten Zivilrecht (120)

ISBN	Titel	Auflage/Jahr/Euro
1 (-415-8)	BGB-AT I, Ensteh.d.Primäranspruchs	14.A/15 · 19,90
2 (-479-0)	BGB-AT II, Scheitern des Primäranspr.	14.A/16 · 19,90
3 (-343-4)	BGB-AT III, Erlösch.d. Primäranspruchs	13.A/14 · 19,90
4 (-278-9)	Schadensersatzrecht I	8.A/14 · 19,90
5 (-492-9)	Schadensersatzrecht II	7.A/16 · 19,90
6 (-293-2)	Schadensersatzrecht III (§§ 249 ff.)	11.A/14 · 19,90
7 (-342-7)	Verbraucherschutzrecht	4.A/14 · 19,90
51 (-443-1)	Schuldrecht AT	10.A/15 · 19,90
52 (-359-5)	Schuldrecht BT I	9.A/15 · 19,90
53 (-379-3)	Schuldrecht BT II	9.A/15 · 19,90
8 (-318-2)	Bereicherungsrecht	14.A/14 · 19,90
9 (-321-2)	Deliktsrecht I	12.A/14 · 19,90
10 (-203-1)	Deliktsrecht II	9.A/13 · 19,90
11 (-447-9)	Sachenrecht I	13.A/15 · 19,90
12 (-465-3)	Sachenrecht II	11.A/16 · 19,90
12A (-378-6)	Sachenrecht III	12.A/15 · 19,90
13 (-333-5)	Kreditsicherungsrecht	11.A/14 · 19,90
14 (-483-7)	Familienrecht	13.A/16 · 19,90
15 (-459-2)	Erbrecht	13.A/16 · 19,90
16 (-313-7)	Zivilprozessrecht I	12.A/14 · 19,9
17 (-317-5)	Zivilprozessrecht II	11.A/14 · 19,9
18 (-433-2)	Arbeitsrecht	15.A/15 · 19,9
19A (-462-2)	Handelsrecht	11.A/16 · 19,9
19B (-360-1)	Gesellschaftsrecht	13.A/15 · 19,9
31 (-450-9)	Herausgabeansprüche	7.A/16 · 19,9
32 (-254-3)	Rückgriffsansprüche	7.A/13 · 19,9

Skripten Strafrecht (120)

ISBN	Titel	Auflage/Jahr/Euro
20 (-295-6)	Strafrecht AT I	12.A/14 · 19,9
21 (-385-4)	Strafrecht AT II	12.A/15 · 19,9
22 (-355-7)	Strafrecht BT I	12.A/14 · 19,9
23 (-392-2)	Strafrecht BT II	12.A/15 · 19,9
30 (-374-8)	Strafprozessordnung	11.A/15 · 19,9

Skripten Öffentliches Recht (120/130)

ISBN	Titel	Auflage/Jahr/Euro
24 (-478-3)	Verwaltungsrecht I	13.A/16 · 19,9
25 (-380-9)	Verwaltungsrecht II	12.A/15 · 19,9
26 (-347-2)	Verwaltungsrecht III	12.A/14 · 19,9
27 (-300-7)	Staatsrecht I	11.A/14 · 19,9
28 (-287-1)	Staatsrecht II	9.A/14 · 19,9
29 (-463-9)	Europarecht	12.A/16 · 19,9
40 (-335-9)	Staatshaftungsrecht	4.A/14 · 19,9
33 (-369-4)	Baurecht/Bayern	11.A/15 · 19,9
33 (-505-6)	Baurecht/Nordrhein-Westfalen	9.A/16 · 19,9
33 (-435-6)	Baurecht/Baden-Württembg.	4.A/15 · 19,9
33 (-331-1)	Baurecht/Hessen	2.A/14 · 19,9
33 (-847-0)	Baurecht/Saarland	1.A/08 · 19,9
34 (-327-4)	Polizeirecht Bayern	10.A/14 · 19,9
34 (-097-6)	Polizei- u. Ordnungsrecht/NRW	5.A/12 · 19,9
34 (-432-5)	Polizeirecht/Baden-Württembg.	4.A/15 · 19,9
34 (-417-2)	Polizei- u. Ordnungsrecht/Hessen	2.A/15 · 19,9
34 (-028-0)	Polizei- u. Ordnungsrecht/Rheinl.-Pfalz	1.A/11 · 19,9
34 (-877-7)	Polizei- u. Sicherheitsrecht/Saarland	1.A/09 · 19,9
35 (-371-7)	Kommunalrecht/Bayern	10.A/15 · 19,9
35 (-076-1)	Kommunalrecht/NRW	8.A/11 · 19,9
35 (-261-1)	Kommunalrecht/Baden-Württembg.	4.A/13 · 19,9